ГОСТИНАЯ

выходит с 1995 года

Годовой выпуск

2023

HC Publishing
Philadelphia, 2023

РЕДАКЦИЯ

Главный редактор
Вера Зубарева

зам. Главного редактора
Елена Литинская

Редакция

Ефим Бершин
Владислав Китик
Марина Кудимова
Елена Севрюгина

Дизайнер и технический редактор
Вадим Зубарев (США)

ISBN 978-0-9861106-9-6
ISSN 1076-691 X

Памяти Евгения Голубовского

(5 декабря 1936 — 6 августа 2023)

"Обрадовался выходу в США нового номера журнала «Гостиная», который издает поэт, литературовед Вера Зубарева."

Евгений Голубовский.
Из фб-дневника

СОДЕРЖАНИЕ

Вера ЗУБАРЕВА. Колонка редактора

«У НАС ЕСТЬ КРИТИКА?»

Где та острая полемика вокруг современного литературного процесса, где критика, обсуждающая не новинки от именитых, а тенденции, связанные с «движением литературы» на материале произведений серьёзных литераторов? Где критика, зрящая в корень? «У нас есть критика? где ж она? Где наши Аддиссоны, Лагарпы, Шлегели, Sismondi? что мы разобрали? чьи литературные мнения сделались народными, на чьи критики можем мы сослаться, опереться?» [Пушкин 1978, VII:17]

Пушкин писал об этом с горечью, которая вылилась позднее в стихи, не публиковавшиеся при жизни поэта:

Румяный критик мой, насмешник толстопузый,
Готовый век трунить над нашей томной музой,
Поди-ка ты сюда, присядь-ка ты со мной,
Попробуй, сладим ли с проклятою хандрой.
Смотри, какой здесь вид: избушек ряд убогий,
За ними чернозем, равнины скат отлогий,
Над ними серых туч густая полоса.
Где нивы светлые? где темные леса?
Где речка? На дворе у низкого забора
Два бедных деревца стоят в отраду взора,
Два только деревца, и то из них одно
Дождливой осенью совсем обнажено,
И листья на другом, размокнув и желтея,
Чтоб лужу засорить, лишь только ждут Борея.
И только. На дворе живой собаки нет.
Вот, правда, мужичок, за ним две бабы вслед.
Без шапки он; несет под мышкой гроб ребенка
И кличет издали ленивого попенка,
Чтоб тот отца позвал да церковь отворил.
Скорей! ждать некогда! давно бы схоронил.
Что ж ты нахмурился?— Нельзя ли блажь оставить!
И песенкою нас веселой позабавить? <...> (1830)

Поверхностное отношение критики к «поэзии действительности» с её корневой поэтикой, отсутствие интереса к *глубине*, занимающей поэта – тема, вряд ли утерявшая актуальность и сегодня. Нет, не то чтобы размышления, заслуживающие внимания, не появлялись изредка в формате рецензий, предисловий и послесловий. Проблема в том, что мысли эти не находят резонанса, не разворачиваются в дискуссию – не поверхностную, цепляющуюся за мелочи, а ту, из которой проясняются течения и тенденции современной русской литературы.

Что общего между направлениями современной западной и русской поэзии? Без ответа на этот вопрос нельзя определить, в чём своеобразие последней. Какова природа различий, учитывая пушкинское высказывание о том, что «Россия никогда ничего не имела общего с остальною Европою; что история ее требует другой мысли, другой формулы, как мысли и формулы, выведенные Гизотом из истории христианского Запада» [Пушкин 1978, VII:100]? В чём эта «другая формула» в произведениях современных поэтов, пишущих на русском и составляющих уже сегодня золотой фонд русской литературы, авторах, осмысляющих настоящее в контексте наследия культурного, исторического и библейского? Есть ли сегодня на Западе поэзия, сравнимая с тем, что читаем, к примеру, у Кудимовой и Бершина, Гандельсмана и Чечика, Кековой и Николаевой? Если есть, то какие параллели можно обозначить и по какому признаку классифицировать общность для установления различий? И вообще, каковы современные механизмы «самодвижения литературы» в её полном, а не выборочном объёме, «самодвижения», которое «неодолимо внешними воздействиями какого угодно напора и вместе с тем всякий раз вбирает в себя духовные токи времени» [Роднянская 2006: 457]? Пушкин в своё время блестяще ответил на подобные вопросы в своей статье «О ничтожестве литературы русской» (1830) и не только. Его сравнительный анализ европейских авторов и произведений в свете движения литературы, начиная с XVII столетия, поражает точностью, глубиной и ёмкостью. Не менее проницателен его анализ отдельных авторов и их вклада в развитие русской литературы.

«Жанровый взгляд на мир один художник проницательно (часто опережая исследователя) различает у другого. Именно на этом уровне целого и происходит то, что можно назвать если не влиянием (справедливо не любимое современными компаративистами слово – в нем слишком много зависимости, закрепощенности для воспринимающего сознания), то творческим контактом. Подобной проницательности есть немало примеров, и задача исследователя – их не пропустить. [Шайтанов 2023: 339]».

Невозможно с этим не согласиться.

«ВЕЧНЫЙ ИСТОЧНИК ПОЭЗИИ»

Начальная строка стихотворения — как первое дыхание. Труд в том, чтобы сделать это дыхание лёгким.

Как часто встречаешься с натужной первой строкой и уже не

хочешь читать дальше, но всё же читаешь, и видишь, как постепенно натужность расходится, и произведение начинает дышать. Думаешь, ну почему автор не доработал, не оживил этот первый вдох?

Наверное, за этим стоит боязнь вторгнуться в сферу наития, в тайну внезапно посетившего вдохновения. Это боязнь узника первой строки, а шире – первого варианта, который становится для некоторых чем-то вроде языческого божка. Его оберегают от правок, забывая, что он лишь следствие вдохновения, а не источник. Источник – Творец. Человек – исполнитель, он несовершенен, но момент вдохновения так потрясает, что начинающий или просто непрофессионал не смеет разрушить правками этот памятник моменту.

Тем не менее, вдохновение – не гавань Совершенства, а ветер, направляющий парусник к совершенствованию. Оно (совершенствование) состоит из нескольких этапов. Самый первый – мгновенный, как порыв ветра, как промельк звукообраза, как то, что скульптор увидел в камне, слегка отшлифовав его, подготовив к следующему этапу. Если уверовать, что на этом всё заканчивается, что гармония уже присутствует, и притронуться к сделанному – разрушить дар неведения, то можно навсегда остаться в черновике. Совершенствование начинается на втором этапе, когда в часы раздумий над сделанным проступает целостность, а с ней – понимание шероховатостей, несоответствий и всего того, что требует второго дыхания или второго, обогащённого, вдохновения.

Третий этап – это выход в сакральные сферы, но уже в новом качестве – не младенческом, а зрелом, когда произведение дышит в полную грудь, его творец начинает вопрошать: «Чего же Ты от меня хотел?». Ответ зависит от тонкостей понимания вопрошающего. Этот этап знаменует собой уровень мастерства.

Далеко не все доходят до этого этапа. Пушкин – один из тех, кто доходил. Для сравнения привожу черновой и чистовой варианты его известного стихотворения «Узник»:

***

И тихо и грустно в темнице глухой!
Пленен, обескрылен орел молодой,
Мой верный товарищ в изгнанье моем
Кровавую пищу клюет под окном,
Клюет и бросает и смотрит в окно
И вымолвить хочет мне слово одно.
Зовет меня взором и криком своим:
"Мой верный товарищ, уйдем, улетим;
Давай встрепенемся! пора нам! пора!
Острог нам не ближний, тюрьма не сестра.

Мы вольные птицы, ты, брат мой, и я.
Где сокол и коршун, там наша семья."

УЗНИК

Сижу за решеткой в темнице сырой.
Вскормленный в неволе орел молодой,
Мой грустный товарищ, махая крылом,
Кровавую пищу клюет под окном,

Клюет, и бросает, и смотрит в окно,
Как будто со мною задумал одно;
Зовет меня взглядом и криком своим
И вымолвить хочет: "Давай улетим!

Мы вольные птицы; пора, брат, пора!
Туда, где за тучей белеет гора,
Туда, где синеют морские края,
Туда, где гуляем лишь ветер... да я!.."

Здесь наглядно видно, как более узкий образ политического товарищества – отголосок времени с характерными образами «тюрьмы» и семьи как братства «сокола» и «коршуна», перерождается в образ истиной свободы, связанной с Творцом.

В новом варианте сокол и коршун – птицы, связанные с конкретикой цели, заменены на образы сакральной безбрежности. В этом пространстве обитает орёл, выступающий уже не частью животного мира, а ипостасью тварной вселенной, в которой обитает только он и ветер. В православии орёл ассоциируется с вознесением Христа. Соответственно, белеющая гора в библейском контексте, куда Пушкин переводит действие из мира природного, соотносится с горой Синай. Указание на «морские края» усиливает ассоциацию с теми краями. К ней примешивается и ещё одна. У подножия горы в монастыре Святой Екатерины – аналой, поддерживаемый орлом с простертыми крыльями. Так образ товарищества замещается образом Отца и Сына, а понятие «воли» обретает значение воли как личной ответственности перед Богом, а не просто мятежной вольности. Туда и зовёт поэта орёл.

В статье «О ничтожестве литературы русской» (1834) Пушкин, говоря о влиянии на французскую поэзию философии Просвещения, подчёркивает, что «она была направлена противу господствующей религии, вечного источника поэзии у всех народов» ([Пушкин 1977: 214-215). Речь не о сведении поэзии к религиозному жанру, а о размыкании художественной мысли на мироздание – детище Творца.

Третий этап работы и заключается в поиске «вечного источника поэзии».

ПРИМЕЧАНИЯ

1. Пушкин А. С. <Возражение на статью А. Бестужева «Взгляд на русскую словесность в течение 1824 и начала 1825 годов» > // Пушкин А. С. Полное собрание сочинений: В 10 т. — Л.: Наука. Ленингр. отд-ние, 1977—1979. Т. 7. Критика и публицистика. — 1978.
2. Роднянская И. Б. Движение литературы. М.: Знак: Языки славянских культур, 2006. — (Studia philologica). Т.1.
3. Шайтанов И. О. Шекспировский жанр. Опыт исторической поэтики. М.: РГГУ, 2023.

Вера ЗУБАРЕВА. Феномен Голубовского.

Памяти Евгения Голубовского

Первый номер Гостиной без Евгения Голубовского (5декабря 1936 – 6 августа 2023)… Ещё недавно была с ним в переписке. Только «вчера» отправляла ему свою школьную повесть, о чём он оповестил у себя в ленте в ФБ:

Люблю, когда случаются такие совпадения. Сегодня утром получил от Веры Зубаревой её новую повесть "Школьный двор". Обязательно прочту и напишу о повести, а фейсбук напомнил, в этот день Верочка была у нас в гостях, прилетев из Америки. И тогда я публиковал её стихи об Одессе. Прочтите их и сегодня.

* * *

Улица в заре вечерней,
Мягкий свет на куполах.
Собираются к вечерне
Тени в кронах и стволах.
Тропка к морю в виде змейки,
Как лазейка от невзгод.
Спит газета на скамейке
И в обнимку с нею кот.
Скомкан ветром мир бумажный.
Проступают из вчера
Старый дом многоэтажный,
Запах моря, тишь двора,
Думы, жизнь на переправе…
И уже на грани сна –
Силуэт семьи в оправе
Драгоценного окна.

Теперь и он навсегда в оправе того «драгоценного окна».

Никогда бы не подумала, что начну этот номер с некролога ему. К этому нужно привыкнуть, а вот смириться с этим пока что сложно. Он всё ещё есть – в памяти, в сердце, в том наследии, которое оставил после себя. Его рубрика в Гостиной будет выходить постоянно – материалов хватит надолго. Но этот обрыв…

Евгений Михайлович, Женя… Журналист, вице-президент Всемирного клуба одесситов, главный редактор «Всемирных одесских новостей», замредактора литературно-художественного альманаха «Дерибасовская – Ришельевская», руководитель литстудии «Зеленая лампа», заведующий отдела культуры «Вечерней Одессы» (рубрика «Одессика»)… Он сопровождал меня на каждом шагу моей жизни, присутствовал в ней, когда я ещё и понятия о том не имела, когда меня и на свете ещё не было. Мой отец дружил с ним с незапамятных времён, имя его витало в нашей квартире на Свердлова. Такое летящее, светлое, как дух… Го-лу-бов-ский… Газета в руках отца, рукопись на столе, встречи… Го-лу-бов-ский…

Первое очное знакомство завершилось в буфете «Вечёрки». Я так боялась этой встречи, так готовилась к ней внутренне, а вышло всё просто, тепло, по-отечески. Примерно так, как я описала это годы спустя:

* * *

Евгению Голубовскому

Ничто не даётся так трудно душе, как стихи.
Особенно те, что растут из неё, а не сора.
Я снова иду, приглушая немного шаги,
И ждёт меня свет, что за дверью в конце коридора.
Войду, расскажу, что с утра небеса развезло
И было по ним продвигаться задачей нелёгкой,
Что рельсы двустиший упёрлись в туман как назло,
И выйти пришлось на какой-то другой остановке.
А там — бездорожье, и всё незнакомо опять.
Бродила и слякоть одну развезла по тетради.
А он мне в ответ: ничего, мол, стихи написать —
Не жизнь бередить. И столетья, бывало, не хватит.
И выудит вечер из облака рыбку-звезду,
И спустимся в жизнь мы на лифте, и буду я праздно
Пирожное с чаем вкушать в той столовой внизу,
Садится в трамвай и вздыхать,
Что в стихах — всё сложнее. Гораздо.

Голубовский был всегда. Мы разъезжались, возвращались, а он был. Как маяк, как знак родного берега. Его не могло не быть. Литературная Одесса – это навечно.

Как получилось, что он стал её лицом, её визитной карточкой? Всё просто. Литературная жизнь тогда лишь выживает и развивается, когда она естественным образом выражает дух и душу города. Одесса – это дворики, это их особая домашняя атмосфера со всеми особенностями. Одесса не терпит официоза, не верит ему, насмехается над ним, слагает анекдоты и юморески. Она выталкивает всё искусственное, как море – обломки вражеского корабля. Её можно заселить чуждым менталитетом, но он не приживётся. Либо будет отторгнут, либо отшлифуется, как прибрежный камень.

Голубовский нёс в себе Одессу, и Одесса несла его в себе.

Совсем недавно он основал рубрику «Где эта улица, где этот дом?», посвящённую одесским дворикам, куда пригласил и меня в качестве одного из авторов. 16 марта этого года он написал мне:

Верочка, добрый день!

Условное название рубрики, о которой идет речь - «Где эта улица, где этот дом?»

Пока решают финансовые отношения «Вечерка» и издательство «Оптимум». Надеюсь, договорятся и тогда каждая глава будет в газете, а потом выйдут все вместе книгой.

Название у каждой главки определяет дом – к примеру, Екатерининская, 25 или Степовая, 40… А тексты – рассказы-воспоминания, а не рассказы.

Как всё это решится, сразу тебе напишу.

Обнимаю

Женя

Всё решилось довольно быстро, рубрика появилась в «Вечерке», где был опубликован и мой рассказ со стихами.

Поражали его знания самых потаённых уголков исторической и литературной Одессы. Но дело не только в знаниях. Каждый такой уголок нашёл место не только в его памяти, но и в душе. Всё, что вышло из-под его пера, родилось в душе, а у души есть свойство отражать большое в малом. Каждая его зарисовка, несла большое – Одессу, её душевный строй, образ мыслей, её волну и любовь к ней…

В личном плане он был точно таким же – тёплым, внимательным, сопереживающим, любящим. Кто сумеет занять его место сегодня? Это вопрос, с которым остаётся литературная Одесса. Да, можно возглавить Клуб, можно организовывать встречи, но это всё внешнее. Любой организатор – заменим. Женя не был организатором – он был Родителем, а родители незаменимы.

В этом – феномен Голубовского.

Светлая память!

Владислав КИТИК. Путь длиною в жизнь.

Памяти Евгения Голубовского

Завершил путь длиною в жизнь Евгений Голубовский, смелый журналист, культуролог, мыслитель, а пуще: хороший человек и большая умница. Кому-то он запомнится по газетным статьям, острым и актуальным, кому-то – по исследованиям, связанным с историей родного города. Другим – по комментариям и предисловиям к более чем двадцати книгам, которым он же являлся составителем. Для авторов, посещающих руководимую им литстудию «Зеленая лампа» при Всемирном клубе одесситов, Евгений Михайлович останется радушным хозяином этого гостеприимного уголка, а между собой — просто Женей. Но и строгим ценителем слова, человеком с тонким художественным вкусом, умеющим деликатно и остроумно делать точные замечания по поводу прочитанных стихов и прозы.

Первое впечатление от знакомства с ним у меня самое сильное: он, будучи заведующим отделом культуры в газете «Вечерняя Одесса» рекомендовал к печати мое стихотворение, прозвучавшее на областном слете молодых авторов. Это – моя первая публикация. Потом несколько раз в ВКО он представлял на презентации мои сборники. Поторапливал: «Ну что, когда будет глава? К концу недели успеешь?» — когда мы, студийцы, осуществляли его идею продолжать жанровую традицию в создании романов-буриме.

Он был всегда! Казалось, время не сладит с его творческой энергией, а, может, и не хочет, поскольку судьба поручилась за то, что он еще много сделает для пытливых соплеменников.

Меня поражает в нем и то, что он писал каждый день большие, ёмкие тексты, «угощая» читателя разнообразием, эрудицией и трактовками материала, сочностью изложения и добрым отношением к теме. А она, как ладонь с ладонью, смыкалась с Одессой. Он буквально раскрывал тайники ее истории, не столько в краеведческом аспекте, как в принадлежности к культуре, к нравственным ценностям, которые несли найденные им биографии тех, кто оставил след в жизни дивного приморского города. Кто теперь возьмется возделывать эту доселе неувядающую ниву?

Конечно, он был талантлив, что не замечалось в простоте общения с ним, и чего он никогда не выпячивал. Но каждый, кто всерьез соприкасался с литературным трудом, согласится, что один талант без работоспособности и трудолюбия – только обещание, намек на возможности, не получившие выхода. Евгений Михайлович – работал! Много, увлеченно, сосредоточенно! И все же: «Разве это сокрытый двигатель его»? (А. Блок).

Он был не только жизнелюб, но и однолюб. Голубовский

стал писать ежедневные посты после ухода из жизни своей жены Валентины Степановны. Это было посмертное обещание ей: публиковать выдержки из ее дневника и, конечно, давать, — нет, даже подавать, как руку при встрече, свои публикации. Он делал это мастерски и с удовольствием, он спасался этой кропотливой заботой о просветительстве и словесности. Это помогло ему прожить еще несколько лет, ярких, неординарных, полнокровных. Он сдержал слово и писал буквально до последнего дня. Это была его борьба за жизнь, питаемая верностью своей любимой женщине. Памятью о ней. По-моему, это самое главное в нем.

Валентину Степановну я знал по переписке в ФБ. Она часто давала отзывы под моими стихами, выставленными на странице. Воочию увидел я ее в Золотом зале Литературного музея. Помню, сглотнул волнение, пошел к ней, представился. Она встала, взяла меня за руку и с улыбкой произнесла: «Читаю, читаю вас». Сквозь очки сияли небесным светом ее глаза. Наверное, таким же, как те миры, в которых встретились теперь эти два любящих человека.

Прощание с Евгением Михайловичем Голубовским проходило под зелеными кронами Преображенского парка. Людей было много, разных: конечно, журналисты, литераторы, художники, конечно, те, кто посещал ВКО, особенно, когда проводились организованные им презентации и художественные выставки. Не все были знакомы друг с другом, но горе сблизило пришедших на церемонию. Стояли, тихо переговариваясь, трудно смиряясь с неизбежным. Медленно продвигалась очередь идущих ко гробу проститься с усопшим.

Настал час произносить речи. И вдруг, словно со всей ясностью стало пронзительно понятно бывшее доселе очевидным: Одессу покинул человек огромного масштаба, творческого дара и трудоспособности. И нет никого, чей авторитет поднимался бы до такого же уровня, кто был бы так же любим и одесситами, и тысячами тех, кто за пределами страны. Значение этой личности, вернее духовного наследия, выразила настоятельница Одесского Свято-Архангело-Михайловского монастыря матушка Серафима, сказав о Евгении Голубовском, что он пророс в Одессу и оставил такую могучую корневую систему, что нам всем хватит плодов его труда на годы.

Утро выдалось солнечным, в небе зависли белые облака, отнюдь не дождевые. И вдруг во время траурной церемонии сквозь листву закапал легкий дождь. Летний, светлый. Причем, не оросив аллеи парка, а только над местом, где проходило прощание. Женщины подхватили: наверное, небо плачет. А, может, это была последняя улыбка Жени?

Дальше — самая скорбная часть погребального ритуала. Тело предано земле на Таировском кладбище (Ново-городское), рядом с прахом жены...

Дождь пошел. Серый, долгий...

Евгений ГОЛУБОВСКИЙ. Под сенью Пушкина

Не знаю, как в каком городе, но в Одессе всегда и за все был ответственный…

Нет, не губернатор, нет, не полицмейстр, даже не секретарь обкома партии.

За все отвечал – Пушкин.

Кто-то говорит, что знакомство начал с царя Салтана, кто-то с эротической «Вишни»…

А я помню с двух лет –«Кто за тебя доест? Пушкин!»

Затем – «Кто за тебя уберет? Пушкин!» «Кто за тебя уроки выучит? Пушкин!»

Вездесущ, всемогущ, многорукий… Нет, это не тот, кто на тоненьких эротических ножках вбежал в русскую литературу…

Так создавался облик – «нашевсё».

Что мерещится под запах акации?

Уильям Фолкнер создал округ Йокнапатопа, Александр Грин вымечтал Зурбаган, Александр Пушкин придумал Одессу.

Вдохнул в свое произведение и свою африканскую страсть, и галльский смысл, и аглицкий дендизм…А какими замечательными людьми населил город, мы до сих пор восхищаемся Дерибасом, Ришелье, Ланжероном, столь же реальными, как Онегин, Ленский, Моцарт и Сальери…

Но ведь не может город быть без поэта. И Пушкин нам дарует поэта:

Одессу звучными стихами
Наш друг Туманский описал…

Читали ли вы стихи «нашего друга Туманского»?

Все, что осталось от него в памяти – эти две строки Пушкина да его отклик на «одесскую главу Евгения Онегина», которую он, естественно, назвал «грамотой на бессмертие для нашего города».

Здесь, у берега моря Эвксинского, где мало было питьевой воды, и много ветров высадить дерево было не просто. Хорошо принималась белая акация. Как оказалось, Пушкин был не плохим садовником, деревьев не садил, хоть в легендах Одессы ему приписывают и такие подвиги, но он вырастил Город, воспитал его своими стихами

«Прощай, свободная стихия!» - вынужден был сказать.

Но не ушел, остался навсегда в сочиненном им городе.

Пройдет сто лет и Эдуард Багрицкий в стихотворении «Одесса» будет писать не о городе, а о поэте города. И закончит стихи строками, которые последующие почти сто лет повторяют все поэты Одессы:

Но я благоговейно поднимаю
Уроненный тобою пистолет.

Эта преемственность была воздухом Одессы.

В 1918 году молодой Юрий Олеша в стихотворении «Пушкин» думал о том же:

И здесь, над морем ли, за кофе ль,
Мне грек считает янтари,
Все чудится арапский профиль
На фоне розовой зари.
Когда я в бесконечной муке
Согреть слезами не могу
Твои слабеющие руки
На окровавленном снегу.

В самые трудные годы сталинщины рядом с одесситами был Пушкин. В Одессу, совсем как в 1823 году, через сто лет, в 1933, сослали друга Александра Блока поэта Владимира Пяста. И что он писал в Одессе? Правильно – он обратился памятью к Пушкину, в нем нашел поддержку, спасение.

Вспоминаю Одессу семидесятых годов. Как в официальное славословие Пушкина, из которого пытались сделать икону, свежим, пушкинским дуновением ворвалась пьеса-поэма Юрия Дынова «Всего тринадцать месяцев» с ее афористичными , взрывными строками по самым разным поводам нашей (не только пушкинской) жизни:

Ах, саранчовая орава,
Без мысли влезшая в чины!
Кто говорить дает вам право
Со мною от лица страны?
Страны великой из великих,
Хотя б за то , в конце концов,
Что при хранителях безликих
Хранит великое лицо.

При хранителях безликих – это диагноз на долгие времена.

Я написал, что Пушкин автор нашего города. «И тут, я право, не солгал…» Но я мог бы написать, что воспринимаю Пушкина, как ангела хранителя Одессы. Его уроки свободомыслия были усвоены городом. Иначе он не выстоял бы в 1941, иначе он весь превратился бы в дым в 2014-ом…

Но рядом был Пушкин.

Помню, какой злостью ответили правильномыслящие на предложение Олега Губаря, писателя, пушкиноведа, создать в центре города еще один памятный знак поэту – Тень Пушкина. Не всем уютно ощущать себя под тенью гения.

Но создали. Олег Губарь, Олег Борушко, скульптор Александр Князик.

И вот мы не столько под тенью, сколько под сенью Пушкина.

Олег ГУБАРЬ. Одесский приятель Пушкина по имени Самуил

Если хорошенько ознакомиться с реестром одесского окружения Поэта, тотчас бросается в глаза тот факт, что эта как бы случайная выборка имен корректно репрезентует тогдашний этнический и до известной степени - социальный состав горожан. В самом деле, представители российского нобилитета - Воронцовы, Нарышкины, Киселевы, Бутурлин и т.д.; польская шляхта - Потоцкие, Собаньские, Понятовский и пр.; остзейские дворяне - Брунов, Франк; французская аристократия - Ланжерон, Сен-При, Гамба и др.; этнически пестрый чиновничий мир - от Палена, Бера, Зонтага и до Писаренко; образованные негоцианты - Ризнич, Рено, Сикар, Монтандон; представители сферы обслуживания - Отон, Пфейфер, Коллен и т.д.; а также - солисты итальянской оперы, многочисленные «погибшие, но милые создания», перебравшиеся сюда из пределов Оттоманской Порты (об этом - в эпистоляриях Туманского, самого Пушкина и в мемуарах современников), и прочие экзотические знакомства, вплоть до «корсара в отставке Морали».

Помимо представителей всех стран Средиземноморья (что типично для любого левантийского порта), мы видим, например, раритетных в этом регионе англичан, голландцев, и даже одного американца. Странно, может заметить кто-нибудь, что нет в этом списке ни одного еврея. И тем более странно, что численность еврейского населения уже в 1820-е годы была довольно значительной. Вероятно, прибавят, это еще одна иллюстрация характерной для Пушкина неприязни.

Согласиться с такой трактовкой едва ли справедливо, ибо интерпретаторы, как обычно, переносят современную психологию в отдаленное прошлое. Сложившееся же в российской аристократической среде неприязненное отношение к евреям (мы говорим о самых первых десятилетиях позапрошлого века) - следствие специфической социальной разобщенности. Нобилитету просто-напросто фактически и не приходилось сообщаться с евреями, ограниченными в правах, в том числе - в праве проживания на той или иной территории. В обеих столицах практически отсутствовало образованное еврейство, и общее впечатление о национальных особенностях евреев складывалось чудовищно гипертрофированное, необъективное. И это было неизбежно.

Юг России представлял совершенно иную этническую картину. Оказавшись здесь и непредвзято оценив ситуацию, даже иные заядлые национал-патриоты в корне пересматривали свои позиции. И в этом смысле очень характерна эволюция подобных воззрений долго прожившей в Одессе (в начале 1830-х годов) литераторши К. А. Авдеевой. «Да позволено будет мне сказать свое мнение об евреях,

- пишет она. Вообще мы привыкли почитать их самыми дурными людьми. Живши два года в Одессе, нельзя было не иметь с ними сношений, и скажу откровенно, я всегда оставалась ими довольна. Правда, что еврей не упустит из вида своей выгоды, но кто же ее и упускает? Зато какая неутомимость, какое проворство у еврея! И если он уверен, что заслуга его не пропадет даром, он все выполнит вам с возможной точностью и, надобно прибавить, ЧЕСТНО».

Вторит ей и писатель М. Б. Чистяков (какового уж никак не заподозришь в апологетике еврейства), посетивший Одессу на завершающей стадии эпохи порто-франко, в 1850-х. В сборнике путевых заметок «Из поездок по России», изданном в Санкт-Петербурге, он, в частности, повествует об очень высоких заработках наемных рабочих Южной Пальмиры - сравнительно с доходами их коллег в других местностях империи. И прибавляет: «Из этого хорошего жалованья, однако ж, редко который скапливает себе что-нибудь; по большей части все идет на водку и на пирушки. Не только русские мастеровые, но и немцы и другие иностранцы очень скоро спиваются с кругу. Евреи составляют блистательное исключение; между ними находят лучших работников, самых смышленых, ловких и трезвых, поэтому во многих случаях еврея предпочитают русским и немцам».

Короче говоря, Одесса позитивно трансформировала опыт (которого реально-то у россиян почти и не было!) межнационального общения, способствовала, так сказать, смягчению консервативных нравов патриархального дворянства. Здесь уместно сказать и об эволюции собственно пушкинского мировоззрения на одесском эмпирическом материале. Я имею в виду его маршрут к коммерциализации литературного труда. Да, «приморская Гоморра» располагала к некоторому прагматизму, навевала мысль о том, что литературная продукция - такой же товар, как и иной прочий. А, главное, внушала, что самый процесс подобной покупки-продажи отнюдь не аморален, а, напротив, - вполне достойное дело.

Вспомним еще, что наиболее приемлемым кругом общения для Пушкина служил как раз круг просвещенных негоциантов. Если учесть, что бродские евреи (выходцы из города Броды и вообще из Австрии) играли в Одессе чрезвычайно значимую роль еще со времен «континентальной блокады» конца 1800-х, становится очевидным, что и они внесли свою лепту в формирование «коммерческого характера» ссыльного диссидента. И в этих условиях он просто не мог не переменить своего отношения к дотоле презираемым «факторам» - поскольку и сам «давал в рост» свой поэтический капитал и получал соответствующие дивиденды. Да, можно (и нужно!) рукопись продать. А чтобы логика подобных размышлений не показалась притянутой за уши, я и хочу лаконично рассказать об одном показательном одесском знакомстве Пушкина.

Речь пойдет об австрийском консуле фон Томе. Сведения по этому примечательному персонажу местных летописей всегда были довольно скудными, и перекочевывали из одного издания в другое. Со времен издания «Одесского словаря пушкинских знакомых» знаменитого впоследствии литературоведа М. П. Алексеева (1927 год) решительно ничего нового о фон Томе не написано. В «Словаре» же препарировано большинство библиографических первоисточников, включая мемуары Рошешуара, Лагарда, Липранди, Бутурлина и проч. Суммарно же складывается впечатление, будто фон Том - венгр, сын губернатора одной из австрийских провинций на границе с Турцией, что он служил австрийским консулом в Одессе «уже в 1804 г. и еще в 1833 г.». Информация эта, как мы увидим ниже, действительности не соответствует.

Вместе с тем, современники вполне живо и, судя по всему, объективно рисуют портрет этого замечательного одесского старожила - ближайшего сподвижника Ришелье, Кобле, Ланжерона. Большой охотник до веселых розыгрышей (как теперь бы сказали, «приколов»), фирменных анекдотов, каламбуров, эпиграмм, подлинный эпикуреец, фон Том снискал себе славу души компании, заводилы, тамады. Оставаясь таким до самой своей кончины, австрийский консул обожал принимать в своем доме друзей и сам бывал неизменным участником всех светских раутов, застолий, маскарадов, балов, домашних спектаклей и прочих увеселений. Оптимизм его простирался так далеко, что в дни свирепой чумной эпидемии 1811-1812 годов он, по свидетельству Лагарда, первым в городе отворил двери своего дома для гостей, «по-философски решив умереть лучше от чумы, нежели от скуки».

Салонное времяпрепровождение ришельевской эпохи описано А. А. Скальковским на примере журфикса в доме одного из одесских негоциантов (надо полагать, у Шарля Сикара). Присутствовали Ришелье, Кобле, Рошешуар, Растиньяк, фон Том, известный банкир барон Штиглиц и другие господа провинциального олимпа. Кавалеров, разумеется, сопровождали дамы света - Аркудинская, Кобле, Кастилио (в девичестве - Бларамберг), Трегубова-первая, Трегубова-вторая и др. Основная забава вечера заключалась в составлении весьма смелых эпиграмм друг на друга, и среди присутствующих, конечно, не было равных австрийскому консулу, чувствовавшему себя как рыба в воде.

На подобных посиделках и рождались искристые «фон-томовские» каламбуры, остроты, притчи, веселившие потом весь город и даже достигавшие обеих столиц. Характерный пример сказанному приводит известный общественный деятель граф А. И. Рибопьер (1781-1865). В своих мемуарах граф так описывает реакцию фон Тома на адюльтер генеральши Лехнер и барона Брунова - будущего российского посланника в Лондоне, также пушкинского знакомца. У госпожи Лехнер был «дурной шведский выговор», и в ее устах фамилия барона звучала как «Пруноу», т.е. «чернослив». Имея в виду означенное обстоятельство, австрийский консул провозглашал юмористическую проповедь: будущая баронесса, резюмировал он, читала Библию и знает, что яблоко было плодом запретным, но, видимо, не распознала, что чернослив (пруноу) - плод тоже недозволенный.

Более известна другая история, а именно та, что связана с самими обстоятельствам личного знакомства фон Тома и Пушкина. Как вспоминает И. П. Липранди, Пушкин, по своему обыкновению, посетил очередной званый обед у четы Сикаров, где всегда поддерживалась на редкость непринужденная обстановка, дозволялись и даже поощрялись всевозможные выходки - разумеется, в рамках светских приличий. Здесь обсуждали любые новости, включая изменение цен на зерно и альковные похождения солисток итальянской оперы, положение единоверцев на Балканах и модные туалеты, с одинаковым любопытством принимали как серьезную проблему, так и свежую рискованную шутку. На одной из подобных вечеринок фон Том рассказывал забавный охотничий анекдот, а не знакомый с ним лично Пушкин пошутил: «Который том: первый, второй или третий?». По-настоящему остроту эту можно оценить, если знать, что у Тома было два сына, примерно одних с Пушкиным лет...

Годившийся «диссиденту» в отцы, старина Том нисколько не обиделся - он не только сам умел каламбурить, но и понимал и принимал остроты, адресованные ему самому. Смущенный Пушкин подошел к почтенному консулу с извинениями, однако встретил такое дружеское участие, какого не ожидал. Несмотря на солидную разницу в возрасте, они стали добрыми приятелями, поэт потянулся к уникальному добряку и жизнелюбу. Сохранились вполне определенные, достоверные свидетельства их взаимной симпатии, приязни, дружеских отношений. Так, мемуаристы повествуют о том, как Пушкин гостил на хуторе фон Тома в Дальнике. Один из проведенных там дней детально описан Ф. Ф. Вигелем. Несомненно, посещал Пушкин и городской дом австрийского консула, находившийся в самом центре, на пересечении современной Преображенской и Малого (тогда - Казарменного!) переулка - на этом месте в конце 1930-х выстроен дом для работников морского транспорта.

Кое-что известно даже о внешнем облике нашего героя. Так, вспоминая наиболее яркие эпизоды детства, племянник основателя Одессы, М. Ф. Дерибас, пишет: «В глубине комнаты замечаю многих незнакомых мне лиц в блестящих мундирах. Один из них, в красном мундире, более всех прочих поразил меня (это был австрийский консул фон Том)». Известно также, что добрейшей души человек, фон Том часто приходил на помощь горожанам, оказавшимся в затруднительной ситуации. В те годы, например, возникали сложности с получением загранпаспортов, и тогда австрийский консул оказывал бескорыстное содействие многим. А между тем такое его «легкомысленное поведение» осуждалось в «Высочайшем замечании одесскому градоначальнику А. Д. Гурьеву».

Казалось бы, мы так много знаем о фон Томе: ведь далеко не каждый, даже куда более масштабный, исторический персонаж оставил по себе столько документальных свидетельств. И, вопреки этой обманчивой очевидности, мы не знаем о нем почти ничего. Сколько архивных документов пушкинской эпохи в свое время прошло через мои руки! И, представьте, ни в одном из них не упоминается даже имя австрийского консула! В чем же тут дело?

Анализируя различные материалы, я пришел к заключению, что не только пушкинский каламбур, но сама жизнь «перепутала все тома». Разыскания показали, что дело отца со временем оказалось в руках сына, исполнявшего обязанности австрийского консула в Одессе в 1834-1845 годах. И вот это как раз и был ВТОРОЙ ТОМ. Имя этого Тома известно - Карл. В одном из старых справочников как бы открылось и отчество: Самойлович или Самфилович. Странное, прямо скажем, имя для австрийского дворянина...

О чем я в течение многих лет мечтал, так это о том, чтобы получить доступ к консульской переписке ретро из архива МИД Австрии. Грезить мне, естественно, никто не возбранял. И все же чудеса случаются. Возможность достучаться до австрийской столицы открылась неожиданно (а о наличии там кое-каких «одесских реляций», составленных фон Томом, говорила моя дорогая подруга Патрисия Херлихи - автор единственной по сути монографии по истории нашего города, 1794-1914). Помочь вызвалась другая моя замечательная подруга - Сюзанна Накатен, блестящий историк из Трира. В результате всевозможных приключений удалось получить любопытнейшую информацию, позволяющую основательно дополнить живыми красками портрет нашего славного одесского балагура, окончательно с ним «разобраться».

Начнем с печального. Интересующая нас консульская переписка в полном объеме в Вене не обнаружена. Суть дела в том, что в лихорадке первой мировой и гражданской войн австрийское консульство в Одессе не было ликвидировано, так сказать, регулярно. Где теперь находится его архив, неведомо, хотя не исключено, что какая-то часть могла оказаться в одном из центральных архивов - скажем, архиве МИД СССР. Зато в Вене имеется целый ряд документов, с одной стороны, характеризующих фон Тома как личность, а с другой - прямо относящихся к исполнению им консульских обязанностей. Вторая часть этого корпуса документов, несомненно, преинтересна, ибо дает срез истории Одессы на протяжении более четверти века: с 1804 по 1830 годы. Но это тема отдельного обстоятельного разговора, а сейчас нас занимает скорее феномен личности «подозреваемого» или «подзащитного» - как хотите...

Главным консультантом Сюзанны Накатен в Венском архиве был доктор Эрнст Петрич - не только великолепный специалист, но и обаятельный, любезный, готовый оказать содействие человек. Итак, архивные документы свидетельствуют: Христиан Самуил фон Том был «привилегированным в Вене оптовиком». Вместе с братом, Андреасом Готтлибом фон Томом, они удостоились рыцарства, т.е. дворянства, в 1789 году. Фон Том был консулом сначала в Херсоне, а с 1804 года - в Одессе. В 1816 году награжден рыцарским крестом Леопольдского Ордена. Ушел в отставку, так сказать, по собственному желанию в 1830 году, а скончался в Одессе 1 января 1840-го. Карл фон Том наследовал отцу в 1834-ом, а прежде служил консульским канцлером. В 1830-1834 годах в Одессе консульствовал Казимир фон Тимони.

Что же кроется за этими сухими строками? Мои слишком смелые предположения полностью подтверждены и обоснованы немецким и австрийским специалистами. Многие карты раскрывает то обстоятельство, что фон Томы не зафиксированы в «каталогах» австрийского дворянства. Таким образом, пишет Сюзанна, «семья не была дворянского происхождения; они стали «достойными» при дворе только в год французской революции и получили рыцарское звание. Более того, у них «говорящие имена», иллюстрирующие еврейское происхождение - Самуил и Готтлиб, т.е. Еммануил». «Лояльные имена - Христиан и Андреас - приписаны по необходимости, - свидетельствует Эрнст Петрич, - иначе они никогда не сделали бы карьеры в католической Вене, в особенности карьеры дипломатической».

Теперь понятно, почему фон Том никогда не подписывал деловые бумаги своим полным именем: во-первых, не мог афишировать своего происхождения в пределах России, а, во-вторых, искренне не желал быть самозванцем, т.е. носить «новодельное» имя (вспомним, что сын его все же носил подлинное отчество, хотя и несколько русифицированное). Мало того, мозаика первоисточников позволяет видеть, что австрийский дипломат до конца своих дней оставался приверженцем веры отцов и покровителем своих единоверцев. Так, много места в корреспонденциях фон Тома из Одессы занимают разнообразные «еврейские сюжеты», скажем, обширная переписка о негоцианте Хаиме Гороховере. Этот еврейский коммерсант пожелал покинуть галицийские Броды и открыть торговлю в Одессе, однако венский двор почему-то препятствовал осуществлению этого намерения. Власти отказывали ему в выдаче паспорта, не разрешали пересекать границу. В этом и многих других случаях Том вступался за еврейских купцов, причем всегда мотивировал тем, что сомнительные политические принципы должны уступать место взаимовыгодным межгосударственным отношениям.

Мои зарубежные коллеги подчеркивают, что, несмотря на «сомнительное происхождение», император высоко ценил Самуила фон Тома. Скажем, в 1804 году немало объявилось охотников, желающих консульствовать в Одессе, в том числе - именитых, однако предпочтение было все же отдано «нуворишу». Мало того - и это весьма показательно! - ему было дозволено СОВМЕЩАТЬ ОТВЕТСТВЕННУЮ СЛУЖБУ С АКТИВНЫМИ КОММЕРЧЕСКИМИ ОПЕРАЦИЯМИ. Как было сказано, его наградили высшим орденом, а когда он пожелал уйти со службы, его ходатайство удовлетворили без проблем. Что до старшего сына, Карла, служившего при отце с 1818 года, он добился должности уже не так просто: обращение к императору о повышении в чине последовало в 1832 году, а удовлетворено лишь два года спустя.

«Вот репрезентативная личность, - говорит Сюзанна Накатен о Самуиле фон Томе, - идеально подходящая для жизни в расцветающей Одессе, не так ли?». В самом деле, фон Том превосходно вписывался в историко-бытовой пейзаж стремительно прогрессирующего приморского торжища! Именно с его легкой руки бродские евреи заняли достойное место в городе и регионе, способствовали тому, что о едва народившемся в голой степи городке заговорили по всей Европе. Сохранились архивные материалы о содействии фон Тома расселению сотен семей из Австрии на территории между Херсоном и Одессой. Обратим внимание на то, что означенные мигранты были людьми довольно состоятельными, и, таким образом, инвестировали торговлю России со странами Южной Европы и Востока. Был таким инвестором и сам австрийский консул.

Вот, оказывается, какой интересный знакомец был у Пушкина в Одессе. Знакомец, несомненно, сыгравший определенную роль в изменении некоторых житейских подходов «коллежского секретаря», пришедшего в итоге к идее коммерциализации литературного труда и «Разговору книгопродавца с поэтом».

...Основываясь на архивных данных, выдающийся историк Одессы К. Н. Смольянинов утверждает, что самым первым печатным текстом, изданным в городе, были СТИХИ - сонет в честь примадонны итальянской оперной труппы Густавины Замбони. Подписан же этот мадригал криптонимом «F. T.». Нет сомнений в том, что автор - это наш герой. Так непредсказуемо соседствуют в исторических хрониках Одессы два разных поэта, два добрых приятеля - Александр Пушкин и Самуил фон Том.

Виктор ЕСИПОВ. Семейные истории Гринёвых и Уартонов

Пристальный интерес Пушкина к современной ему молодой американской литературе, в частности к творчеству В. Ирвинга, не вызывает сомнений. Еще при жизни Пушкина некоторыми критиками отмечалось воздействие Вашингтона Ирвинга на автора «Повестей Белкина». Факт использования Пушкиным в «Сказке о золотом петушке» мотивов «Легенды об арабском звездочете» Ирвинга установлен Анной Ахматовой [1]. К тому же времени относится предположение М.П.Алексеева о связи «Истории села Горюхина» с ирвинговской «Историей Нью-Йорка» [2]. Ирвинговская реминисценция обнаружена В.Д.Рак в «Каменном госте» [3].

Тема — Пушкин и американская литература первой трети XIX века — далеко не исчерпывается упомянутоми примерами. Новые возможности в исследовании этой темы открывает сопоставление «Капитанской дочки» Пушкина с романом Фенимора Купера «Шпион».

До сих пор проблема использования автором «Капитанской дочки» западных литературных традиций сводилась в основном к урокам Вальтера Скотта (наиболее развернутое сопоставление такого рода содержит статья М. Л. Гофмана в Венгеровском издании собрания сочинений Пушкина, где сцена приезда Маши Мироновой в столицу и аудиенция у императрицы сравниваются с аналогичным эпизодом романа В. Скотта «Эдинбургская темница»; более подробно мы остановимся на этом позднее [4]). В настоящем исследовании ставится вопрос о внимании Пушкина-прозаика к творчеству прославленного американского писателя Фенимора Купера, в частности о возможном влиянии его романа «Шпион» на «Капитанскую дочку».

«Шпион» написан в 1821 г., перевод его в России издан впервые в 1825 г. В библиотеке Пушкина имелось собрание сочинений Купера на французском языке, издававшееся в Париже в 1830—1835 гг [5]. Упоминание о Купере встречается у Пушкина в отрывке «Участь моя решена. Я женюсь...» (1830 г.) и в «Джоне Теннере» (1836 г.). Есть основания утверждать, что автор «Капитанской дочки» был хорошо знаком с романом Купера.

Оба романа построены как семейные хроники, в размеренный ход которых неожиданно врываются события громадного общественного значения, властно захватывающие в свою орбиту судьбы героев и всего их окружения. В семейной истории Гриневых это исполненные стихийного размаха трагические события пугачевского восстания; в семейной истории Уартонов — полная драматических приключений война за независимость с Англией. В обоих романах изображение событий предваряется краткой родословной главного героя:

«Отец мой Андрей Петрович Гринев в молодости своей служил

при графе Минихе и вышел в отставку премьер-майором в 17... году. С тех пор жил он в своей симбирской деревне, где и женился на девице Авдотье Васильевне Ю., дочери бедного тамошнего дворянина... Матушка была еще мною брюхата, как я уже был записан в Семеновский полк сержантом... Я считался в отпуску до окончания наук. В то время воспитывались мы не по-нонешнему...» [6] (VIII, 279) — так начинается семейное повествование Гриневых.

«Отец м-ра Уартона, уроженец Англии, был младшим сыном в семье, парламентские связи которой доставили ему место в колонии Нью-Йорка. Молодой человек, как и сотни других в его положении, прочно основался в Америке, где он и женился; единственный отпрыск этого союза был в раннем возрасте отправлен в Англию, чтобы воспользоваться там всеми преимуществами английских учебных заведений. В те времена молодые люди известного круга обыкновенно вступали в армию или во флот...» [7] — таково начало семейного повествования Уартонов.

Нетрудно убедиться, что приведенные отрывки весьма схожи по построению и по характеру информации, содержащейся в них. Только история Уартонов начинается не с отца героя предстоящего повествования, как у Пушкина, а с деда. Обращает на себя внимание почти дословное совпадение во фразах:

«В то время воспитывались мы не по-нонешнему» (Пушкин) — т.е. чуть ли не до рождения младенца его уже записывали на военную службу;

«В те времена молодые люди известного круга обыкновенно вступали в армию или во флот...» (Купер).

Однако при дальнейшем сопоставлении «Капитанской дочки» и «Шпиона» выявляются совпадения несоизмеримо более существенные, чем только что отмеченные. Например, сюжетные завязки обоих романов: и в том, и в другом случае буря, которая описывается в начальных главах, предопределяет все дальнейшие события и судьбы героев.

У Пушкина случайно встретившийся в метели человек выводит сани Гринева сквозь бушующее «снежное море» прямо к постоялому двору. Внимание читателя обращается на его «черную бороду и два сверкающие глаза». Ни Гриневу, ни читателям о нем пока ничего не известно. Гринев, в свою очередь, оказывает услугу незнакомцу, даруя ему заячий тулуп. «Век не забуду ваших милостей», — благодарит на прощание незнакомец. Обещание это в дальнейшем развитии романа выполняется.

У Купера внезапно разразившаяся буря служит причиной появления в доме Уартонов незнакомца с «внушительной наружностью» и военной осанкой. Инкогнито неожиданного гостя раскрывается в определенной степени только в заключительных главах романа — детали повествования убеждают в том, что им является сам Вашингтон, предводитель «мятежников». Покидая дом Уартонов, Вашингтон дает обещание доказать свою благодарность гостеприимной семье, если того потребуют обстоятельства. В момент решающих событий, когда молодому Уартону, плененному мятежниками, грозит виселица, Вашингтон (как и Пугачев у Пушкина) выполняет данное обещание. Он находит возможность спасти Генри Уартона.

В изображении бури также имеются совпадения. У Пушкина ямщик обращает внимание Гринева на усиление ветра и на отдаленное облачко:

«Время ненадежно: ветер слегка поднимается; — вишь, как он сметает порошу ... А видишь там что? (Ямщик указал кнутом на восток) ... А вон — вон: это облачко».

И далее следует наблюдение самого Гринева:

«Ветер между тем час от часу становился сильнее. Облачко обратилось в белую тучу, которая тяжело подымалась, росла и постепенно облегала небо» (VIII, 287).

У Купера почти такие же детали:

«Направление ветра, дувшего с востока, а также возраставшая ярость и сырость его дыхания — все ясно говорило о приближении бури...» (с.7); далее упоминается и облачко,— правда, здесь свидетельствующее о скором прекращении длившегося несколько дней ненастья: «Тонкое облачко, низко висевшее над вершинами гор, понеслось с изумительной быстротой с запада на восток...» (с.47).

Таким образом, общим для эпизодов бури в обоих романах являются не только встречи главных героев с предводителями восстаний Пугачевым и Вашингтоном, совпадает и многое другое: Пугачев и Вашингтон выступают инкогнито; Пугачеву и Вашингтону оказываются определенные услуги; Пугачев и Вашингтон благодарят за оказанное благодеяние и обещают не забыть этого, их обещания в дальнейшем развитии действия подтверждаются: они спасают от виселицы – один Гринева, другой –

Генри Уартона, когда и Гринев, и Уартон становятся пленниками мятежников.

В свое время М. М. Бахтин, исследуя жанр романа, обращал внимание на огромное значение связи мотива встречи с хронотопом дороги («большой дороги»). Применительно к роману историческому он отмечал: «...значение дороги и встреч на ней сохраняется в историческом романе — у Вальтера Скотта, особенно же в русском историческом романе. Например, “Юрий Милославский” Загоскина построен на дороге и дорожных встречах. Встреча Гринева с Пугачевым в пути и метели определяют сюжет “Капитанской дочки”» [8].

Действительно, описание метели и злоключений героев, сбившихся с пути, у Загоскина и Пушкина весьма схожи, но сюжетные функции героев и их взаимодействие существенно различаются. У Загоскина Юрий Милославский спасает заблудившегося и полузамерзшего казака Киршу, который потом верно служит отважному боярину и не раз приходит ему на выручку в его приключениях, – то есть взаимоотношения героев совсем иные, чем между Пугачевым и Гриневым.

Если сопоставить роман Загоскина с «Капитанской дочкой» в целом, то выяснится, что сюжетных совпадений между ними, несмотря на общую природу жанра, очень мало. При сопоставлении же «Капитанской дочки» и «Шпиона» выявляется такое количество общих для обоих романов сюжетных деталей и мотивов, что объяснить их типологией жанра или случайными совпадениями вряд ли возможно.

Отметим, в частности, что на протяжении всего действия Савельич в определенной мере функционально тождествен куперовскому негру Цезарю Томпсону, слуге Уартонов. Гринев обязан своим спасением расторопности слуги: «Вдруг услышал я крик: "Постойте, окаянные, погодите!.." Палачи остановились. Гляжу: Савельич лежит в ногах у Пугачева...» (VIII, 325).

Куперовский герой спасается бегством, поменявшись платьем со своим чернокожим слугой, загримировавшись под него, а Цезарь остается под стражей в платье хозяина и загримировавшись под англичанина. Цезарь мужественно ведет себя, когда охранникам удается разоблачить его.

Очевидны некоторые общие черты в главных женских образах романов Пушкина и Купера: Марьи Ивановны Мироновой и Френсис Уартон. Характеры и общественное положение героинь существенно различаются (Марья Ивановна — кроткая, милая провинциальная девушка; Френсис, «блистающая полным расцветом молодости», готовится «явиться в обществе во всем своем блеске» – с.11, 21), но обеим присущи решительность и способность к самопожертвованию в критические моменты действия. Марья Ивановна, не колеблясь, отправляется в Петербург, где добивается оправдания своего жениха.

Френсис, не пугаясь опасностей военного времени, предпринимает ради встречи с братом ночную прогулку в горы, в результате чего оказывается в секретном убежище Вашингтона и обращается к нему с просьбой о помиловании Генри. При этом Вашингтон по-прежнему не открывает своего подлинного имени и положения. Так же поступает и Екатерина II, случайно встретившаяся Марье Ивановне во время утренней прогулки (и здесь рядом с параллелью Вашингтон — Пугачев возникает параллель Вашингтон — русская императрица).

В обоих романах — развернутые изображения суда. Гринев видит за судейским столом пожилого генерала, «виду строгого и холодного» (VIII, 367). Лица судей, решающих судьбу Генри Уартона, тоже «серьезны, сдержанны, холодны» (с. 330). Обоим героям удается в какой-то момент разбирательства произвести благоприятное впечатление на судей, но затем чаша весов склоняется не в их пользу. Правда, Гринева судит свой суд (именем императрицы), а Уартона чужой — суд мятежников.

И в «Капитанской дочке» (пропущенная глава), и в «Шпионе» имеются эпизоды с пожаром. При этом и к семье Гриневых, и к семье Уартонов выручка приходит в самый последний момент.

Обилие совпадений в «Капитанской дочке» и «Шпионе» ни в коем случае не умаляет самобытности пушкинского произведения. В отличие от «Капитанской дочки», в «Шпионе» Купера доминирующим является приключенческий элемент — все прочее (исторические события, изображение быта времен войны за независимость) отступает на второй план, служит лишь фоном для искусно развертываемой интриги.

Рассматривая предполагаемые литературные источники «Капитанской дочки», важно проследить, как используются Пушкиным его читательские впечатления. Сравнивая эпизод встречи Марьи Ивановны и Екатерины II с соответствующим местом «Эдинбургской темницы» В. Скотта, М. Л. Гофман писал:

«Обе героини (и Джени, и Марья Ивановна) отправляются в столицу с просьбой о помиловании невинно осужденных (сестры, жениха), останавливаются у дам, имеющих доступ ко двору. Обе героини вызывают расположение монархинь своей искренностью и этим всесильным средством добиваются помилования» [9].

Но есть в этих эпизодах и важное различие: у Вальтера Скотта королева не является героине инкогнито, как это происходит в «Капитанской дочке». Зато подобная ситуация, как уже упоминалось, имеется у Купера. Вот как описывается впечатление Френсис Уартон, увидевшей лицо Вашингтона, выдающего себя за некоего Гарпера, через окошко его секретного пристанища:

«Вдруг незнакомец отвел руку от глаз, поднял голову, как видно, в глубоком раздумье, и Френсис мгновенно узнала *доброе, серьезное, спокойное* лицо Гарпера.

Воспоминания обо всем, что она слышала про его власть и характер, обо всем, что он сам обещал Генри, о своем доверии к нему, вызванном его благородными и отеческими манерами, сразу нахлынули на Френсис. Она распахнула дверь хижины...» <...> Всегда было трудно проникать в мысли этого человека, который в совершенстве управлял своими страстями и чувствами. Тем не менее в задумчивых глазах Гарпера блеснул свет, и мускулы его лица дрогнули, когда зазвучал наивный рассказ молодой девушки. Френсис говорила, как Генри вырвался из заключения и бежал в лес. В эту минуту на лице Гарпера отразилось *глубокое участие*, все остальное он выслушал с выражением сочувственной снисходительности» (с. 394-396; курсив наш. — В.Е.).

У Пушкина:

«...Марья Ивановна, с своей стороны бросив несколько косвенных взглядов, успела рассмотреть ее с ног до головы. Лицо ее, полное и румяное, выражало *важность и спокойствие*, а голубые глаза и легкая улыбка имели прелесть неизъяснимую...

Все в неизвестной даме невольно привлекало сердце и *внушало доверенность*. Марья Ивановна вынула из кармана сложенную бумагу и подала ее незнакомой своей покровительнице, которая стала читать ее про себя.

Сначала она читала с видом внимательным и *благосклонным*, но вдруг лицо ее переменилось, — и Марья Ивановна, следившая глазами за всеми ее движениями, испугалась строгому выражению этого лица, за минуту столь приятному и спокойному...» (VIII, 371-372; курсив мой. — В.Е.).

И в том, и в другом случае юные героини не знают доподлинно, с кем они разговаривают, но обе проникаются симпатией и доверием к тем, к кому обратились. В построении эпизодов много общего. Только у Купера изменение лица Вашингтона дается как реакция на рассказ Френсис, а у Пушкина выражение лица Екатерины меняется в процессе чтения письма.

Таким образом, часть деталей в этом эпизоде «Капитанской дочки», как убедительно показал М. Л. Гофман, имеет немало общего с повествованием Вальтера Скотта, другая часть напоминает роман Купера. Но смысл пушкинского эпизода в целом совершенно отличен от указанных литературных источников. Он вводит в роман новое важное лицо, императрицу Екатерину II, в образе которой не найти и следа тех нелицеприятных оценок и той иронии, которыми обычно сопровождается ее имя в других пушкинских текстах.

Тема идеального властителя имела в творчестве Пушкина принципиальное значение и отражала его сокровенные размышления о том, каким должен быть русский царь. Таковы и Петр в «Стансах», и Дук в «Анджело», и Екатерина в «Капитанской дочке». Это образ властителя, который судит сердцем, а не только разумом; в этом смысле суд Екатерины оказывается справедливее суда, разбиравшего дело Гринева.

Если вернуться к роману Купера, то станет ясно, что Вашингтон по сравнению с Екатериной скован законом. Прийти на помощь Генри Уартону он может только тайно, в обход закона, несмотря на уверенность в невиновности осужденного, возможности же монарха превышают букву закона.

Таким образом, эпизод, в построении которого возможно влияние не одного, а нескольких литературных источников, по сути своей естественно вписывается в общую проблематику пушкинского творчества, органично входит в художественную ткань романа о русской жизни XVIII века, а по отношению к соответствующему эпизоду романа Купера имеет безусловно полемический оттенок.

Рассматривая «Шпиона» как один из возможных источников для «Капитанской дочки», попытаемся понять, что могло открыться пристальному взгляду Пушкина при невольном сопоставлении собственного исторического материала с материалом, использованным в куперовском «Шпионе».

Судьба яицкого казачества, описанная Пушкиным в «Истории Пугачева», определенным образом схожа с судьбой американских поселенцев, по преимуществу выходцев из Англии. И те и другие проживали на отдаленных от центра (в одном случае — бескрайними русскими просторами, в другом — Атлантическим океаном) территориях. До середины XVIII века и те, и другие признавали верховную власть центра, но затем под гнетом все усиливающихся притеснений поднялись на защиту своих прав.

Яицкие казаки, как указывает Пушкин в «Истории Пугачевского бунта», с 1762 г. начали жаловаться на несправедливые действия местных властей: «на удержание определенного жалованья, самовольные налоги и нарушение старинных прав и обычаев рыбной ловли» (IX, 10). В 1766—67 гг. их разрозненные выступления пресекались силой оружия. К 1771 г. «мятеж обнаружился во всей своей силе» (IX, 10).

В США массовое движение против метрополии началось также в 60-е годы XVIII века в результате жестких действий английского правительства: запрета на переселение за Аллеганские горы (1763 г.), борьбы с контрабандной торговлей, принятия нового налогообложения (закон о гербовом сборе 1765 г.). К 1775 г. отдельные разрозненные выступления американских колонистов переросли в войну за независимость.

События, находящиеся в центре обоих произведений, происходят, можно сказать, в одно время: конец 1773-го — начало 1774 г. у Пушкина, конец 1780-го — начало 1781 г. у Купера. Да и сущность этих событий — пугачевского восстания в России и войны за независимость в США — достаточно верно определяется понятием гражданская война. Именно так рассматривал войну за независимость Купер во введении к одному из изданий романа:

«Распрю между Англией и Соединенными Штатами Америки нельзя было назвать вполне семейной ссорой, а между тем во многих отношениях она носила характер гражданской войны» (с.4).

При этом, разумеется, нельзя не учитывать, что социальные и исторические предпосылки пугачевского бунта, его национальные особенности и сам характер событий существеннейшим образом отличают это восстание от движения, возглавленного Вашингтоном.

Не может не привлечь внимания крайняя степень жестокости, присущая гражданскому конфликту в России, что, конечно, не могло не найти отражения в «Капитанской дочке»: глава VII «Приступ» завершается расправой бунтовщиков с недавними защитниками крепости. Эта картина устрашающей жестокости, не единственная в «Капитанской дочке», вполне соответствует изложению событий в «Истории Пугачевского бунта» [10]:

«Бердская слобода была вертепом убийств и распутства. Лагерь полон был офицерских жен и дочерей, отданных на поругание разбойникам. Казни происходили каждый день. Овраги около Берды были завалены трупами расстрелянных, удавленных, четвертованных страдальцев...» (IX, 27).

Совершенно иной характер имеют взаимоотношения между представителями враждующих сторон в романе Купера. Старик Уартон, приверженец королевы, дом которого захвачен противником, считая за лучшее «добровольно дать то, что в противном случае было бы взято силой», вынужден предложить офицерам мятежников позавтракать вместе с его семьей: «все офицеры, несмотря на внешность, огрубевшую от трудной службы, обнаруживали манеры джентльменов. Поэтому, хотя семья могла их считать людьми, насильно ворвавшимися в дом, они соблюдали все приличия» (с.64).

Правда, и в романе Купера встречаются картины грабежа и разбоя, но это дело рук ковбоев и скиннеров — грабительских шаек, составлявшихся из жителей нейтральной территории, мародерство которых безжалостно пресекалось армией Вашингтона.

В одном случае мы имеем дело с идеологически оформившимся и последовательно развившимся политическим движением, в другом — со стихийным бунтом доведенных до крайности низов народа.

Важным отличием движения за американскую независимость, приведшего к победе буржуазных отношений, является безусловная ориентация на соблюдение законов и принятых установлений; Генри Уартону, захваченному мятежниками в качестве лазутчика англичан, грозит (как и Гриневу) виселица в результате беспристрастного и обстоятельного судебного разбирательства. При этом Вашингтон, как уже отмечено ранее, открыто ничем не может помочь обвиняемому, хотя в душе уверен в его невиновности и искренне сочувствует ему и его семье. Вашингтон не может, подобно Пугачеву, мановением руки освободить своего пленника от смертной казни и вынужден вмешаться в ход дела тайно. Он поручает своему доверенному лицу, шпиону Гервею Бирчу, устроить побег Генри. Более того, Вашингтон не может открыто наградить за храбрость и преданность общему делу истинного патриота Америки Бирча (подвигу которого, в сущности, посвящен роман), потому что тот — шпион.

Единственное, что может Вашингтон сделать для своего агента, — снабдить его секретной запиской, удостоверяющей его истинную роль в войне. Эту записку и находят на теле убитого Бирча.

В отличие от Вашингтона, и Пугачев, и Екатерина обладают властью, не ограниченной законом. Пугачев вообще плохо представляет себе, что такое судебное разбирательство и зачем оно нужно. Для Екатерины, оправдывающей Гринева на основании прошения его невесты, решение суда по его делу вообще не является серьезным препятствием. Это — следствие иного государственного устройства.

Осмыслением подобных различий и был в полном смысле слова захвачен Пушкин как раз в пору завершения «Капитанской дочки». Об этом можно судить по черновику письма к Чаадаеву, где упоминается книга А.Токвиля «Демократия в Америке». Эта книга, содержащая глубокий анализ цивилизации США, до сих пор пользуется признанием в Европе и даже в Америке. Токвиль считал, что большую опасность таит в себе свойственный демократии деспотизм большинства, что истинно свободное общество создается прежде всего независимостью юридической власти и свободой прессы.

Книга А.Токвиля «Демократия в Америке» была издана в 1835 г. Можно утверждать, что Пушкин познакомился с нею не позднее лета 1836 г.

Пристальный интерес Пушкина к развитию молодого американского государства, совпадение по времени мощных общественных движений в России и в Северной Америке в 70-80-е годы XVIII века и определенные исторические параллели между ними, а также возможность сопоставления разных типов властителей, разных форм власти, помогают понять, что могло привлечь Пушкина в романе Купера.

ПРИМЕЧАНИЯ

1. Анна Ахматова. Последняя сказка Пушкина // «Звезда», 1933, №1,

2. М. П. Алексеев. Пушкин. Статьи и материалы, вып. 2, Одесса, 1926, с. 70-87.

3. В. Д. Рак. Ирвинговская реминисценция в «Каменном госте» // Временник Пушкинской комиссии, вып. 20, Л., 1986, с. 163—169.

4. А. С. Пушкин. Собр. соч. в 6 тт., т. IV., СПб., 1910, с 355-357.
5. Б. Л. Модзалевский. Библиотека А.С.Пушкина, СПб., 1910, с. 212.
6. Пушкин А. С. Полное собр. соч. в 19 тт., М.: Воскресенье,1996, Т. VIII, С.279. В дальнейшем ссылки на это издание даются в тексте: в скобках римскими цифрами указывается том и через запятую страница.
7. Ф. Купер. Шпион. Кишинев, 1956, с. 18 (пер. Е. Чистяковой-Вэр). Все цитаты по этому изданию, ссылки на страницы даются в тексте.
8. М. М. Бахтин. Вопросы литературы и эстетики. Исследования разных лет, М., 1975, с. 393.
9. См.: А. С. Пушкин. Собр. соч., т. IV. СПб. 1910, с. 356.
10. Противопоставление Пугачева «Капитанской дочки» — Пугачеву «Истории Пугачевского бунта», лежащее в основе работы М. И. Цветаевой «Пушкин и Пугачев», представляется весьма субъективным. Анализу психологических мотивов, побудивших Цветаеву романтизировать образ Пугачева в романе, посвящена статья неизвестного нам автора, укрывшегося под инициалами А.А.,— «1937 год в жизни Цветаевой» — см. «Вестник русского христианского движения», №155, 1989, №1, с. 137-148.

Борис ЖЕРЕБЧУК. «Метель»: единоборство с судьбой

Тем и интересен наш великий поэт, что, не дожидаясь, пока мы обратимся к нему за подтверждением скромных наших предположений и/или за советом в каких-то литературных, шире – экзистенциальных запросах, он самолично вторгается в наши мысли и чувства! Тем более, когда по жизни мы сталкиваемся с трудностями, в которых немудрено заплутать, как в судьбоносных лабиринтах смысла жизни. Самая судьба – огромное и многозначное понятие, столь занимавшее Пушкина с юных лет. Достаточно припомнить некоторые из его суеверий. Пушкин был уверен, что ему открыты обстоятельства будущей своей кончины, ссылаясь на известную петербургскую гадалку Александру Киргхоф. Та, глянув на жизненные линии поэта, сказала, что он умрет насильственной смертью, по вине женщины, а убийцей станет белый конь или мужчина той же масти…

Пушкин, с его богатым мистическим воображением был крайне внимателен к мелочам, вроде зайца, перебежавшего дорогу, плохой Луны с левой стороны, и хорошей – с правой… далее, амулетам, ладанкам, талисманам, оберегам, всему богатому арсеналу предрассудков, на которые столь горазд народ. Известно, что когда Пушкин, будучи в ссылке в Михайловском, узнал о смерти Александра I, то решил встретиться с друзьями в Петербурге, полагая, что визит останется незамеченным властями. Совершенно не исключено, что он мог оказаться вместе с ними на Сенатской площади во время восстания декабристов. Неожиданным препятствием к задуманному путешествию оказалась склонность поэта к суевериям, в частности решимость оставила его в то время, как зайцы дважды перебежали дорогу, и Пушкин воротился назад. Не в последнюю очередь, именно предрасположенность Пушкина к мистическим приметам и оберегла его от возможных крупных неприятностей!

С судьбою Пушкин пробовал и бороться, конечно, по-своему. Не только (позволю себе перефразировать популярный мэм) шпагою, но и – пером. Таковы его попытки справиться с личными проблемами через почти молитвенные заклинания в текстах: вот о Татьяне (в девичестве Лариной, а ныне так и тянет дать ей значимую фамилию в духе Дениса Фонвизина, нечто вроде Генераловой):

Я вас люблю (к чему лукавить?),
Но я другому отдана;
Я буду век ему верна.

Впрочем, она не преминула Онегину камень вложить в его протянутую руку, предварив свою максиму признанием в любви. Дескать, несмотря на любовь, победило чувство долга. Как у доны Анны –

Дона Анна:

Диего, перестаньте: я грешу,
Вас слушая, — мне вас любить нельзя,
Вдова должна и гробу быть верна.
Когда бы знали вы, как Дон Альвар
Меня любил! о, Дон Альвар уж верно
Не принял бы к себе влюбленной дамы,
Когда б он овдовел. — Он был бы верн
Супружеской любви.

Однако недопобедило! Ибо сама чуть позже призналась:

О Дон Гуан, как сердцем я слаба.

Наконец, безукоризненная с точки зрения верности, если не любви, то долгу, сцена из «Дубровского»:

— Вы свободны, — продолжал Дубровский, обращаясь к бледной княгине.

— Нет, — отвечала она. — Поздно — я обвенчана, я жена князя Верейского.

— Что вы говорите, — закричал с отчаяния Дубровский, — нет, вы не жена его, вы были приневолены, вы никогда не могли согласиться...

— Я согласилась, я дала клятву, — возразила она с твердостию, — князь мой муж, прикажите освободить его и оставьте меня с ним. Я не обманывала. Я ждала вас до последней минуты... Но теперь, говорю вам, теперь поздно. Пустите нас.

Всего только три популярные купюры из наследия поэта, но каким ненарочитым пазлом укладываются в метафорическую стилистику его жизни; помимо взаимных служебных реплик персонажей, они обращены всё к той же судьбе и с аналогичной молитвой, с единым смыслом: сохрани, пронеси, спаси! О том, насколько упомянутые обращения к судьбе сработали — можно судить, исходя из биографических обстоятельств его жизни.

В любом случае, в противоборстве с судьбою как литературным героям, так и авторам, остаётся положиться на счастливый случай, к которому тем не менее следует быть готовым.

Бескомпромиссный ответ дан у Пушкина в повести покойного Ивана Петровича Белкина «Метель». Главные действующие лица — Марья Гавриловна Р. и полковник Бурмин. Расклад предлагаемых обстоятельств самый неутешительный и требует от них безупречной самоотдачи для достижения целей. Они любят друг друга, в полном соответствии с авторской ремаркой:

Se amor non è, che dunque?..*
* Если это не любовь, так что же? (итал.).

Описания благополучной любви по законам мировой да и пушкинской драматургии оказывается недостаточным для создания полноценного художественного произведения. Что-что, а из схематической бесконфликтности ничего стоящего для искусства не выжать! Впрочем, в повести конфликтов хватает: Бурмин женат, Маша замужем. Мало? Тогда на бонус – знайте, что у него нет шансов отыскать свою жену: не помнит деревни, станции, церкви, где его повенчали; и вообще так мало полагал важности в преступной проказе, что недалеко отъехав, спокойно уснул. А Маша? Только и успела увидеть, что тайно венчают её вовсе не с Владимиром... Между тем, отчего героям не изменить судьбу по своему произволу, согласно популярной формуле «цель оправдывает средства»? Возможное искушение натолкнулось на нравственные, религиозные установки, с которыми не имело ни единого шанса совладать!

Обращусь к Пушкину, который через два века дидактической фразой: «нравственные поговорки бывают удивительно полезны в тех случаях, когда мы от себя мало что можем выдумать себе в оправдание», иронизирует не только над шаблонными представлениями персонажей «Метели», но и над нами и нашими взглядами.

Высказывание поэта, буквально выходит за пределы непосредственного отношения к действию; оно может быть интерпретировано в более широком контексте, как приговор над нравственным релятивизмом, когда имеет место одновременное оправдание искушения и искус оправдаться, то есть попытка представить свою версию событий истиной в последней инстанции...

Маша и Бурмин вплотную встали перед сложившейся дилеммой: pro или contra, солгать или? Коварная судьба не дремлет. В самом деле: любите друг друга? – так идите в несознанку, тем более что некому проверять А с химерою совести как-нибудь сговоритесь. Напрашивается ассоциация со знаменитым романом Михаила Булгакова:

- Где свидетели? – искушал Коровьев от имени нечистой силы Никанора Босого, – я вас спрашиваю, где они?

Нету свидетелей! Слуга, бывший с Бурминым, умер в походе; записи в церковной книге нет; письма, накануне написанные Машей, были сожжены; ее горничная никому ни о чем не сказала, опасаясь гнева господ. Священник, отставной корнет, усатый землемер и маленький улан молчали, как партизаны (напомню, о недавней войне двенадцатого года) на допросе. Кучер Терешка, констатирует Иван Белкин со слов подполковника И. Л. П., никогда ничего лишнего не высказывал, даже и во хмелю. Таким образом тайна была сохранена более чем полудюжиною заговорщиков. А с Маши и вовсе взятки гладки, учитывая болезненное ее состояние, словом, метель, мираж, читательский эпатаж...

Конечно, женщина остаётся таковою при всех поворотах событий. Маша тоже проявила минимум кокетства перед решающим объяснением, когда после первых слов, «нарочно перестала поддерживать разговор, усиливая таким образом взаимное замешательство, от которого можно было избавиться разве только незапным и решительным объяснением».

Да, кстати, ещё вспоминала при этом первое письмо St.-Preux. Впрочем, игра была взаимною: она не могла не сознаться себе в том, что очень ему нравилась (женщины всегда это чувствуют – об этом и я могу судить не понаслышке). А Бурмин с высоты мужского опыта уже успел заметить, что она отличала его от других. Не такие это грехи, за которые следует требовать к ответу! А может и совсем не грехи. Вот за Бурминым значится несомненная и непростительная вина, которую он навлёк на них обоих своим легкомыслием. Правда, полюбив Машу, он переродился, почти буквально повторив мысли другого пушкинского героя – дон Гуана:

Но с той поры, как вас увидел я,
Мне кажется, я весь переродился.
Вас полюбя, люблю я добродетель...

Бурмин и сам не ропщет на судьбу, открыто признавшись:

...я не имею и надежды отыскать ту, над которой подшутил я так жестоко и которая теперь так жестоко отомщена.

Почти четыре года хранили они тайну, каждый – свою, вместе – общую! Самым главным обстоятельством, без чего их взаимные судьбы остались нескрещёнными, оказалась неистовая честность, позволившая пойти наперекор усвоенным понятиям достоинства и гордости. Даже не солги, но только умолчи хоть один из них – всё бы так и оборвалось в середине пути. Лишь предельная искренность обоих и привела к неожиданной для влюблённых и читателей развязке! Так наши герои прямодушно обошли хитроумную судьбу, затаившуюся в метафизической близости, и в свою очередь зависящую от их поступков. Тем значимее оказывается единоборство с нею – в тексте и в жизни! Венцом, вопреки популярному мнению персонажей Фёдора Достоевского, оказалось нечего прикрывать, да и самый венец, вправду говоря, был пронесен над нашими героями почти четырьмя годами ранее в самых драматических обстоятельствах. Судьбе ничего не оставалось, как вознаградить их за честность перед Богом и самими собой! Остаётся поблагодарить Пушкина за открытие неожиданного эвристического хода, внушившего каждому надежду на счастье, которое казалось доселе недостижимым. Как неоднократно Лев Толстой повторял максиму Марка Аврелия, «делай, что должно, и будь что будет»!

Галина СЕМЫКИНА. К истории литературной словесности в Одессе

«Обаяние пушкинских стихов побуждало нас к литературным занятиям…».

История литературной словесности в Одессе тесно связана с Ришельевским лицеем – учебным заведением, основанным в 1817 г., вторым в России после Царскосельского лицея.

Образование в Ришельевском лицее было литературно-классическим: здесь в 1819 г. преподавались латинский, греческий, французский, немецкий, итальянский языки, русский язык и словесность, риторика, история, география и статистика, философия и др. науки. В лицее, с первых дней существования, была собрана богатейшая библиотека, основу которой составили книжные собрания на французском языке, подаренные дюком де Ришелье. Среди преподавателей лицея были любители литературы, истории и поэзии. Н. Ленц писал: «Пииты водились и в Ришельевском лицее…» (1).

В актовом зале лицея каждый месяц устраивались «литературные собрания» для лицеистов и приглашенных гостей (впервые в учебном заведении подобного типа). «Здесь воспитанники на разных языках декламировали избранные стихотворения, читали свои сочинения, по назначению профессоров, танцевали…» (2). Студенты вспоминали, как преподаватель Ковалевский «мучил» их заданиями сочинять стихи и по субботам прочитывать в классе (3).

Лицей был центром культурной жизни города и гордостью Одессы и потому притягательным местом для одесской интеллигенции и гостей города, среди которых были известные литераторы: Пушкин, Жуковский, Вяземский, Полонский, Погодин и др. В здании лицея в 1825 г. жил и писал стихи и поэму «Конрад Валленрод» польский поэт А. Мицкевич.

Тем не менее, в мемуарах и воспоминаниях бывших лицеистов чаще всего упоминается имя А.С. Пушкина. Поэт во время своего пребывания в Одессе (1823–1824 гг.) неоднократно заходил в лицей, и эти посещения оставили неизгладимый след в памяти воспитанников (4). Н.Г. Тройницкий вспоминал, как студенты бросались к окнам, когда мимо здания проходил Пушкин со своей неизменной железной палкой в руках (5).

В Одесском литературном музее находятся две переплетенные тетради – рукописи лицейского журнала (1828 г, ч.1, №1-3; 1829 г, ч.4, №1-3). Это первый сохранившийся рукописный литературный журнал, дошедший до наших дней; он назывался: «Ареопаг». Журнал литературы, критики, наук и художеств, издаваемый от пятого класса». Он выходил в 1828–1830 гг. (всего сохранилось шесть тетрадей); редакторами были лицеисты старших классов: Н.Г. Тройницкий (будущий журналист, сотрудник «Одесского вестника» и «Литературных листков»), и А.А. Ушаков.

В «Ареопаге» публиковались статьи лицеистов, посвященные литературе, истории; помещались собственные сочинения в прозе и стихах; литературные и научные перепечатки и переводы из отечественных и зарубежных журналов.

По публикациям в «Ареопаге» можно легко представить круг чтения лицейской молодежи и их литературные увлечения. Студенты зачитывались современными альманахами и журналами. Н.Г. Тройницкий в своих воспоминаниях особо отмечал любимый лицеистами журнал «Московский телеграф», где в эти годы печатались А.С. Пушкин, В.А. Жуковский, Е.А. Баратынский и др.

Имя Пушкина множество раз упоминается и на страницах лицейского журнала (6) (Об этом было немало исследований: в статьях А.М. Дерибаса,

В. Алексеева-Попова и др. (7))

Наибольший интерес в журнале вызывает раздел «Критика». Например, в статье «Современная русская литература» («Ареопаг», 1828, №1, 2) содержится обзор лучших литературных изданий и публикаций за 1828 год. Здесь перечисляются имена замечательных поэтов и прозаиков, но первое место, безусловно, отводится А.С. Пушкину.

Говоря о великом русском поэте, авторы не скупятся на восторженные оценки: «всеобъемлющий Гений Пушкина», «прекрасное произведение Пушкина» («Талисман»), «превосходный роман» («Евгений Онегин»); «живой естественный рассказ» («Граф Нулин»); «прекрасное сочинение Пушкина, маленькое по величине, но большое по достоинству» («Ангел»), «величественные и привлекательные сцены, пламенные летучие стихи...» («Борис Годунов»).

Редактор журнала Н.Г. Тройницкий в своих воспоминаниях с гордостью отмечал, что юные авторы «Ареопага» уже в 1828 году назвали пушкинскую трагедию «Борис Годунов», отрывок из которой был опубликован в альманахе «Северные Цветы на 1828 год», как «одно из лучших творений Пушкина» (8) (полностью «Борис Годунов» был напечатан только в 1831 году).

По поводу «Невского альманаха», некогда поместившего на своих страницах ироническое послание А.С. Пушкина на собственный альманах («Примите Невский альманах...»), юные критики ехидно замечают: «Вот как сильно действует дарование поэта на своих сограждан!». Но затем добавляют вполне серьезно: «Имя Пушкина есть как бы залог достоинства какого-нибудь альманаха: и справедливо, при появлении альманаха вы сейчас услышите вопросы: есть ли там стихи Пушкина, Козлова, Баратынского и проч., и потому нельзя винить г. Аладьина, что он поместил насмешку на свой альманах – ее написал Пушкин: издатель прав!» («Ареопаг», 1828, №2)

Раздел «Поэзия» («Ареопаг», 1828, №1) открывается стихотворениями самых популярных отечественных авторов – и в первую очередь А.С. Пушкина (стихотворение «Стансы»). Следует отметить, что ссылки на сочинения А. С. Пушкина, его стихи, цитаты из его сочинений, подражания стихам поэта приводятся почти во всех номерах и рубриках «Ареопага».

Стихотворения самих лицеистов в «Ареопаге» в большинстве своем еще несовершенны и часто подражательны. Пушкинские поэтические образы вспоминаются, к примеру, при чтении стихотворения «Кубок»:

Кубок

Заветный кубок круговой,
Свидетель шумного преданья,
Звучит под бранною рукой
Друзей Олеговых стязаний.
Вино играет, пир шумит,
И чаша с влагою душистой
Угрюмых старцев веселит
И брызжет пеною сребристой.
Настала битва, и Олег
Поплыл с дружиною свободной,
На греков острый меч извлек,
И кончен подвиг благородный.
И снова шумною толпой
У князя храброго гуляют,
И снова кубок круговой
Уста веселые лобзают.
И, вняв Кудесника сказанью,
Князь Вещий в мирной тишине
Пал, уязвленный, и преданье
Нам молвит о его коне.
Олега нет, а кубок снова
Звучит в бессдс круговой
У князя Игоря младого,
Все тот же новый, молодой.
XVIII *(автор В. Золотницкий – Г.С.)*

(«Ареопаг», 1828, №1)

То же самое можно сказать о стихотворениях: «Элегия» /«Когда любовный свет луны…»/ («Ареопаг», 1828, №2); В. Золотницкий «Последняя сцена из трагедии N.» («Ареопаг», 1828, ч.4, №3); А. Магденко «Южный вечер» («Ареопаг», 1829, ч.4, №2); А. Ушаков «Залог» («Ареопаг», 1829, ч.4, №2) и др.

Но одно из стихотворений, опубликованных в журнале, привлекает особое внимание: «Отрывок из послания к П…..у», анонимного автора, где в сокращении легко угадывается фамилия А.С. Пушкина.

Отрывок из послания к П…..у

Поэт, со мной мечтай! мечтай!
Как я, тверди без упованья! –
Одесс – страна очарованья,
Приют весны, волшебный край,
Где в яркой прелести мечтанья
Все улыбается, как рай;
Где пламенный восторг сильнее
И дышат негою сады,
Где мужество цветет вольнее
И взор приветлив Красоты.
И где встречают дев прекрасных,
Игривых, томных, сладострастных,
И видят стройно-тонкий стан
И их пленительный обман.
Глядят, как волосы густые
Сплетаясь, вьются по плечам,
Как блещут очи голубые
В тени аллей, по вечерам…
……………………………
И как роскошными кудрями
Играет ветер, и покров,
Как ткань далеких облаков,
Волнуясь, вьется над грудями.
Он прелесть беззащитных дев,
Неумолимый, всем являет,
И, презирая тихий гнев,
Их ножки смело открывает.

(«Ареопаг», 1828, №2)

Цитаты из пушкинских стихов можно найти также в разделах «Смесь» лицейского журнала. Например, рассказывая о лицейских модниках, автор иронически пишет: *«Щеголи, прогуливаясь по коридорам, напевают или насвистывают итальянские арии, а Доминусы ревут речитативы». А при рассказе о предстоящем строительстве первого одесского водопровода, приводятся пушкинские строфы, посвященные «недостатку важному» воды и т.д.*

И в духе недавно возникшей, благодаря великому поэту, традиции писать стихи, посвященные Одессе, появляются первые лицейские стихи об Одессе и южной природе.

Одесская ночь

Смотрю, как сверкают на небе безоблачном яркие звезды.
Как лебедем плавным плывет по лазури блистающий месяц,
На взморье, с сребристою пеной златыми лучами играя.
Смотрю, как ветрила белеют, как тянутся серые скалы,
Как волны уныло плескают о них и несутся, чернея.
Как гордая тополь возносит вершину и листьями шепчет,
Как зелень кудрявая тонет в сияньи под сводом небесным.
О, все здесь чарует невольно и взоры, и душу, и сердце.
Хотя и не слышен приветливый лепет и говор невнятный
Застенчивой девы; хотя и не видно очей сладострастных
И поступи гордой, и роз на ланитах, и злата кудрей.
Пленительна ясность полночного неба в Краю наслаждений,
Но ясные очи прелестницы Юга приятней для взора…
Луна всех прельщает и гордым теченьем, и блеском игривым;
Но с чем же сравнится и поступь, и прелесть красавицы Юга!

(«Ареопаг», 1828, №1)

Одесская буря

(Посвящена Н. Т…)

Звезда не блеснет и луна не отбросит сребристые брызги на волны,
На них не взыграет лучом, не заблещет, как злато, как пурпур небес.
А черные волны мрачнее, а черные волны мятежней… и полный
Смятенья и трепета взор, на обломках скалы и на листьях древес
Покоясь, не тонет в тумане, не тонет во мраке ночном, как виденье,
Скрываясь, мелькая здесь, там – по холмам, по скалам, и мечтой,
Волшебной мечтой унесясь вмиг, как радость, как младость,

как сладость забвенья.
Небрежно виясь полосами и огненным кругом, сплетаясь змеей,
Как зарево, молния ярко на тучах и в тучах блеснула, сверкнула;
И тучи, сгустясь и чернея, как ночь, расстилались вдали пеленой,

И гром в перекатах раздался и стихнул, как отзыв от дальнего гула;
Вдруг свежесть повеяла тихо, приятно лелея в приюте весны.
Что может сравниться с пленительной бурей под небом
пленительным Юга?
Она навевает восторги, она навевает волшебные сны,
Чаруя в часы упоений, в часы наслаждений, в минуту досуга.

(«Ареопаг», 1828, №3)

Пушкин был любимцем лицейской молодежи. Н.Г. Тройницкий вспоминал: «... еще в отроческие годы наши имя Пушкина произносилось у нас как имя прославленного поэта. Его читали, перечитывали, переписывали, затверживали на память; некоторые из его ненапечатанных стихов ходили у нас по рукам, в рукописи, как запрещенные. Что же в особенности так влекло нас к стихам Пушкина? Прежде всего, его язык – гармонический, простой и доступный, как звуки и образы в природе, и поэтически ясный, как античная статуя ... Обаяние пушкинских стихов побуждало нас к литературным занятиям» (9).

Для некоторых (правда, немногих) лицеистов, авторов «Ареопага», юношеская увлеченность литературой и журналистикой станет жизненным призванием. Их статьи, заметки, стихи вскоре появятся в первых городских русскоязычных изданиях: газете «Одесский вестник», «Литературных листках», одесских альманахах.

ПРИМЕЧАНИЯ

Ленц Н. Учебно-воспитательные заведения, из которых образовался Ришельевский лицей. 1804-1817. Одесса, 1903. С. 270.

Воспоминания А.С. Сумарокова в ст.: Яковлев В.А. Аббат Николь и первые годы Ришельевского лицея // Ришельевский лицей и Императорский Новороссийский университет: Сборник, издаваемый бывшими воспитанниками лицея и университета. Одесса, 1898. Ч. 1. С. 47.

Там же. С. 51.

Отзывы о Пушкине с юга России. Одесса, 1887. С.154-156.

Из воспоминаний Н.Г. Тройницкого // Ришельевский лицей и Императорский Новороссийский университет: Сборник, издаваемый бывшими воспитанниками лицея и университета. Одесса, 1898. Ч. 1. С. 82-83.

Полностью текст «Ареопага» за 1828 г. (ч. 1, №1, 2, 3) и 1829 г. (ч. 4, №1, 2, 3). опубликован в изданиях: Дом князя Гагарина / Одесский литературный музей: Сборник научных статей и публикаций. Одесса

(2007, вып. 4; 2011, вып. 6, ч.1; 2020, вып. 9).

А.М. Дерибас «Ареопаг» о Пушкине», Пушкин: Статьи и материалы / Под ред. М.П. Алексеева. Одесса, 1925. Вып. 1. Алексеев-Попов В. «Пушкин и литературная жизнь Одессы» // О.С. Пушкін в Одесі. Одеса, 1949.

Из воспоминаний Н.Г. Тройницкого // Ришельевский лицей и Императорский Новороссийский университет: Сборник, издаваемый бывшими воспитанниками лицея и университета. Одесса, 1898. Ч. 1. С. 84.

Из воспоминаний Н.Г. Тройницкого // Ришельевский лицей и Императорский Новороссийский университет: Сборник, издаваемый бывшими воспитанниками лицея и университета. Одесса, 1898. Ч. 1. С. 83-84.

Алёна БАБАНСКАЯ

Там кто-то маленький кричал
Во тьме, в печали.
Как будто ночь была причал,
И он причалил.
До первых всполохов зари,
Протяжно, дико.
И все сжималося внутри
От этих криков.
Звереныш или же птенец?
Не знаю, где ты.
Вот солнца желтый леденец,
Ты, докричался, наконец,
Из тьмы до света.

* * *

Ну чего ты расплакалась, детка,
Не ори, забирая в пике,
Мы с тобой тупиковая ветка,
Оставайся в своем тупике!
Это Кали-студеная-вьюга,
Будь хоть негром преклонных годов
На горячей плантации юга,
На асфальте чужих городов.

* * *

Душу настежь отворив,
Можно вывихнуть ключицу.
Заградительный тариф
Подключи, чтоб не случиться.
Спит живущий тихим сном.
Мертвый корчится во гробе.
Верь, борьба добра со злом
Очень выгодное хобби.
Человеческий геном —
Совершенно нелюдимый.
Выбираешь два в одном,
Потому что все едино.

* * *

Ну-ка, детка, оглянись:
Бог тебя оставил.
Тут пойдёт другая жизнь.
Тут бои без правил.
То-то будет горячо,
То-то всем потеха!
Белый ангел за плечом
Корчится от смеха.

* * *

Не жил по марксистским заветам,
Но, видимо, это судьба:
Попал в пионерское лето,
Где каждое утро – труба.
Течет нескончаемо смена,
Купается в море отряд.
И туи склоняются немо
Которое лето подряд
Над этой речёвкой, над маршем
(Звучит изнуряюще туш),
Над Петей, над Колей над Машей,
Над серою манною кашей,
Компотом из яблок и груш.

* * *

Отцвела в саду крапива,
И лапчатка отцвела.
Говорю: умри красиво,
Чтоб любовь не умерла.
Тут вокруг такой народец,
Да и я одна из тех,
Кто с утра плюет в колодец.
День – отмаливает грех.
Что-то все не слава Богу,
Не по сердцу – по уму.
Говорю: меня не трогай,
Подойду и обниму.
Тут вокруг такой народец –
Зазевайся и убьют:
Поутру плюют в колодец.

Целый день исправно пьют.
Это так невыносимо,
Отложи скорей дела.
Говорю: умри красиво,
Чтоб любовь не умерла.

* * *

Пламенеет алыча,
Разомлевшая, как Маха.
Плыть по лезвию луча,
Рассыпаться ветхим прахом.
Где цикорий синий глаз
Открывает до рассвета
Жить сегодня и сейчас,
Навсегда оставшись летом.

* * *

Как рисует Суриков
Или же Поленов,
Вылетит из сумерек
Птица, как из плена.
Силуэты выступят,
И дымок над ними:
Деревенька с избами –
Не запомнить имя.
Крон высоких кружево
В сером небосводе.
Перекрёсток с лужею
При любой погоде.
Женщина на улицу
Выгонит корову.
Что-то не рисуется
Ничего иного.

В ЛЕСУ

*

У леса – неприемный день.
И не найти гриба сухого.
Лишь птички: «тинь», и птички: «тень»! –
Весь ельник тенью заштрикован.

Зато вокруг прекрасный вид:
Комар жужжит и солнце светит.
Чу! подберезовик стоит.
А вот – второй, а рядом – третий

*

Какой, однако, мелкий гриб.
Не гриб, еще грибенок.
Я даже слышу слабый всхлип
Из моховых пеленок.
Ни бури на его веку.
Просиживал в покое
А все ж попался грибнику,
Пойдет в его жаркое.

*

Вот дождь прошел. А все гриба
Как не было – так нету,
Наверно, это не судьба,
Но есть полоска света
И пара диких земляник,
Хвощи да колокольчик.
И есть дорога напрямик:
Иди, куда захочешь.

* * *

Стрелообразны всходы маиса.
Сердцеобразны листья сирени.
Что же ты делал? Сеял, молился,
В пене садов утопало селенье.
Тонкие усики лоз виноградных,
Иволги желтой всхлипы и стоны.
В летнюю пору жаждал прохлады –
Ливня стеной на Раздорские склоны.
И ни надежды тебе, ни замены.
Только старанья, пошедшие прахом
Чтоб из телесного вырвавшись плена,
Пела, вздыхала желтая птаха.
Стрелообразны всходы маиса.
Сердцеобразны листья сирени.
Что же ты делал? Сеял, молился.

Юлия БЕЛОХВОСТОВА

Не музыкой единой живы,
но каждым шорохом в ночи:
цикадой, мокрой веткой ивы,
постанывающей в печи,

тяжелых капель мерным стуком
по доскам старого стола,
гудящим роем ноутбука,
где каждое письмо – пчела,

зубовным скрежетом задвижек,
плаксивым скрипом половиц,
и наконец, к рассвету ближе,
неугомонным пеньем птиц.

И целый день потом – ни слова,
чтоб ненароком не спугнуть
многоголосия ночного
едва уловленную суть.

* * *

Болеть нельзя. И умирать нельзя,
пока звонят по праздникам друзья
и есть, кого позвать на день рожденья.
Пока не все закончены дела,
в саду ни разу слива не цвела,
не варено сливовое варенье.

У мамы отопленья дома нет.
А мама есть, ей восемьдесят лет,
она не хочет выходить из дома.
Есть яблоки, не пропадать же им?
В кастрюле тесто кажется живым,
такая в нем растущая истома.

А ты томишься, сочиняя стих,
момент для засыпанья пропустив,
полночи провозившись с пирогами.
Раскладываешь по пакетам снедь
и думаешь, что – нет, нельзя болеть,
когда наутро надо ехать к маме.

* * *

По коридору в бежевых тонах
медсёстры в облегающих штанах,
стрекозы бирюзово-голубые,
летают из одних палат в другие,
и капельницы с мертвою водой
катаются на трубочке худой
за ними по палатам хирургии,
поблёскивая холодно слюдой.

А пациент очнулся и глядит,
как серый керамический гранит
течёт из-под качнувшейся кровати
под тумбочку и дальше по палате,
по коридору в бежевых тонах,
где виден свет всегда в наркозных снах,
где с боку на бок грузно перекатит
себя сестра-хозяйка на волнах,

где всякий раз проворна и быстра,
мелькает голубая медсестра,
молоденькая, будто пионерка,
попутно дребезжа стеклянной дверкой, -
на лапках, по-модельному худых,
разбрызгивая быстрые следы,
по речке пробегает водомерка,
презрев неизмеряемость воды.

ЧАЙКИ, ОСЛИКИ, ПОЭТЫ

Такое хорошее долгое лето,
 стихами согрето, скрипит половицей,
с июня до августа длится и длится,
и ходит по дому, и ходит по свету.

Пристроимся следом – оставим постели,
насиженные табуретки на кухне,
уедем туда, где луна не потухнет
к полудню, где мы будем жить, как хотели:

на волнах качаться, как чайки, как чайки
друзей окликать, проплывающих мимо,
и пить с ними вина любимого Крыма,
а после об этом рассказывать байки.

Не кончится лето ни завтра, ни после,
и осень на море пловцов не догонит,
прикормленных птиц не прогонит с ладони,
а в горы поднимется солнечный ослик.

Пристроимся следом, без всякой поклажи,
упрямо преследуя долгое лето,
не то, чтобы ослики, просто поэты –
прекрасны, беспечны и счастливы даже.

ПЕРЕВОД С РЫБЬЕГО

Так заглядишься в глубокую черную воду,
словно глазами ощупать пытаешься дно,
словно мучительно ищешь слова перевода
с рыбьего на человечий, понятный,
родной.

Так намолчишься, намаешься этим
молчаньем,
словно оно тяжелее гнетущей вины
всех мастериц виноватого взора и камнем
тянет ко дну, где такие же камни видны.

Где намывает теченьем песок, укрывая
бледных утопленниц, канувших в воду
без слов,
в мертвой воде без следа растворилась
живая –
не остается на смерти от жизни следов.

Ближе и ближе к воде наклоняясь
бездвижной,
словно расслышать пытаясь ее немоту,
так и нырнешь, только охнуть успеешь
неслышно,
только ладонь поднесешь
к удивленному рту.

* * *

За два часа до снега ничего
к его приходу дома не готово.
Под окнами качает головой

вполне кудрявой, цвета золотого
береза. Недосохшее белье
болтается на джутовой веревке,
и стайка любопытных воробьев
скользит по водосточной оцинковке,
перебегая с крыши на балкон.
Присвистывает чайник, закипая,
как будто даже чайник удивлён:
какие мы («какая ты, какая?»)
И будто бы не чувствует никто —
ни вздорные взъерошенные птицы,
ни люди, выбегая без пальто
на улицу курить, что все случится:
созревших туч осыпятся плоды,
деревьев кроны, головы любимых —
все станет белым. На снегу следы
так явно проведут ко мне сквозь зиму.

* * *

Дзынь - брынь - говорила форточка на ветру,
болталось стекло в рассохшейся старой раме,
болтала соседка про разное «не умру»,
латала дыру в махровом пустом кармане

(запомни, в карманах дыры не оставляй -
примета плохая, денежки утекают).
Сквозь форточку залетает собачий лай
и холод собачий, злей и кусачей лая.

Темнеет, светает, темнеет в окне опять,
не движется книжка дальше второго абзаца,
смеётся соседка про «нам бы день простоять,
а после ещё неплохо бы ночь продержаться».

Она и сама как форточка дребезжит,
и кажется, что дрожит на ветру больница.
В халате сидит на кровати мой Вечный Жид
и встать не даёт, и к стене не даёт прислониться.

За окнами мир ломается и трясёт,
а здесь, между двух пролётов реанимаций,
понятно, что нет на свете других забот,
как день простоять, и ночь ещё продержаться.

Надежда БЕСФАМИЛЬНАЯ

Холода

Морок молчанья в рисунчатом льду.
Линию жизни упрямо веду
По снегопадам кромешным.
Всё бы зиме холода, холода,
Знай лишь морозит, не имет стыда,
Талыми днями не тешит.

Рос да и вырос недюжинный снег,
Где-то под ним затаилась в земле,
Спит всевозможная живность.
Всяческих тварей в ней – мал-мала-мал –
Тех, что по паре Господь создавал
Да проверял их на вшивость.

Стоил таинственный промысел свеч:
Даром что слова не могут изречь,
Ножки да крылышки куцы –
Только проветрит весна косогор,
Выползут все из зимовий и нор,
Снова в заботы впрягутся.

Так же и мы. В соразмерности нош
Ношу свою ты, как можешь, несёшь
В приступах стужи и пота.
Переполняя мои закрома,
Снова меня проверяет зима
На снеговые замёты.

Это ли невидаль – зиму грести,
Хворь отрешённости тихо нести,
Солнце пригреет – сквитаем.
Только б молчание словом известь,
На сердце снег – он всего-то и есть
Речи фигура скупая.

РЖД. Стаканное

А стихия – ну что перед божьим судом.
…Крикнет поезд в ночи, машинистом ведом,
Разойдётся метель, как беда велика,
Будет ложка стучаться стакану в бока

И размешивать мглу, и тревожно звенеть,
На столе заелозит карманная медь.
Пассажир и его заоконный дублёр
Разговорами ночь будут брать на измор,
Будто рыбы, хватая губами стекло,
Сокрушаться беззвучно, как всё допекло -
И работа, и денег нехватка, и быт,
И жена, что мозги бесконечно долбит.
Будут темень кривыми зевками пугать,
И друг друга неловко плечом подпирать.

Ах какой развернётся словесный поток,
На столе образуется чайный потоп,
Но стакан от неровных движений руки
Не побьётся. Бока у стакана крепки.
От таких говорливых немых ездачей
Он в дороге наслушался всяких речей
И, внимая речам, на ответной волне
Он и сам говорить научился вполне,
Благодушно кивая на всякую дурь -
«Балагурь, дорогой, балагурь, балагурь».
А буран за окном не ушёл, не утих
И готовит затугу покруче иных,
Встанет поезд в снегах — ни туда, ни сюда.
Говори. Помолчи.
Холода. Холода.

Анна

Только вот солнце растопит весны полстакана,
Кровь подогреет и крепость прибавит в кости,
Сад прихорашивать стану, — планирует Анна, —
Сохлую траву да мох порыжелый скрести.

Сложены руки у Анны, под грудью прижаты,
Пухлые жилки под кожей прозрачной сошли,
Будто во мхи расползлись с солнцепёка ужата,
Будто бы напрочь ручьи суховей иссушил.

Снежно на улице, телу и мыслям сонливо,
Сны отрешённы, совсем ни о чём не болят,
Видится сад, расцветающий вишней и сливой,
И одуванчики в пухе недельных цыплят.

…Вот бы остаться, во сне уходя без печали,

Птахой ли, деревом, в райском саду на земле…
Телек работает, вести тревожно вещает,
сам по себе.

Чисто покойница Анна, уснувшая в кресле.
Кто-то в ушко продевает сознания нить:
Чай недопитый в стакане окутает плесень,
Если стакан пару дней никому не помыть.

Шалька

в язык больней ужаль-ка
но в сердце не кусай
коричневая шалька
прикрой мне волоса›
из памяти сундучной
из бабкиных одежд
шерстинкою колючей
беззлобною потешь
и словом закипелым
наполни да насыть
знать времечко приспело
такую мне носить
и взять себе в повадку
не хуже чернеца
сгибать поглубже складки
чтоб спрятать пол-лица
где бледным стал и марким
былой несносный зырк
и быть на сердце мягкой
но острой на язык.

Под настроение. Берложье

По вертикальной оси – дефициты в небе,
Их не способны заполнить youtube и google.
Тихое утро. Как мёрзлый петуший гребень
Блеклое солнце недвижно лежит в снегу.

Не тяготит привыканье к зиме берложьей,
Горла и слова не вяжет забвенья соль.
Не приглашённый – не значит, что в дом не вхожий,
Только вот с обуви снег обмети, изволь.

Если однажды в сугробах увязнут ноги –
Столько его втихаря наметёт окрест –
Можно примерить к себе тесноту берлоги,
Можно и в шкуру медвежью на время влезть.

Чтоб проявился масштаб величин искомых,
Внутренний космос дерзаний и горьких мук –
Слушать Бортнянского, Глинку и Чеснокова,
Через наушники вьюги снимая звук.

Будет звезда, Рождество, а за ним и Святки
По календарной наземной оси абсцисс.
Сок из мороженых яблок густой и сладкий –
Кстати на дереве яблоки заждались.

К шкуре привыкнешь – покажется легче блузки,
К цвету загара идущей и к янтарям,
Так и проносишь её до жары июльской,
В ней и поедешь, медведицей, на моря.

Владимир ГАНДЕЛЬСМАН

* * *

Не се ль Элизиум полнощный...
А. Пушкин

Сквозь редкий снег мы этот город весь
пройдём и удивимся с непривычки,
какие ходят худенькие здесь
колеблющие воздух электрички,
как, в сумерках впадая в забытьё,
Господень храм без пристальной опеки
разменивает золото своё
на нищий сад, всё сбывший до копейки,
как зимний день умеет озарить
в оконных переплётах те страницы,
в которых он приговорён прикрыть
в три пополудни серые ресницы.
Вот эти жизнь и смерть, не обессудь,
смотри, не оскверняя их проклятьем,
и если ты не римлянин, то будь
невозмутимо зорок, чтобы стать им.
Пройдём весь город вдоль и поперёк,
висящий на пунктирных нитях,
чтобы забыть роскошность этих строк,
не стоящих его, забыть, забыть их.

* * *

Спящей ночи трепетанье...
А. Пушкин

Вой ветра или чей-то плач?
Я подошёл к ограде –
в саду безмолвно стыла ночь,
и всё затихло вроде.
Сверкнул светильник из-за туч
и тоже стих бесследно.
О чём ты, стих, заводишь речь?
О ком ты? Здесь безлюдно.
В ночной квартире я один.
Один. Чего ты хочешь?

Угомонись. Средь этих стен
ведь только ты и хнычешь.
Как поводырь, меня провёл…
Провёл? Но я не слеп и
я не был там, где ветер выл,
и не слыхал ни всхлипа.
И я не рад тебе, не рад,
как если б ты постылым
мотивом мне пророчил труд,
который не по силам.

сараи

мне поручили охранять сарай…
Ю. К.

тяжёлые дубовые ворота –
их открывают только в дни, когда
хоронят – (мебель не вывозят
и не привозят – покупают раз
и навсегда) – дубовая калитка
добротная – и двор – дома квадратом –
и – поперёк – дощатые сараи,
гордящиеся ладностью дверей –
там пролетают два дошкольных года –
сочащееся солнце из щелей –
лучи с мерцающей в них пылью –

ещё – что ни секунда – я рождаюсь –
и нет страданий или поводка
поэзии живописать страданья
(беду не приближая к сердцу,
а то и вовсе равнодушно их
писать) – и дышится легко,
и таинство вершится детства –

сараи! – кажется, что свет внутри –
из читанных мне на ночь сказок –
то крошка Цахес, то Мышиный
король семиголовый по углам
мерещатся – и дрожь внутри,
похожая на имя Дроссельмейер –

скажи мне кто-нибудь в ту пору,
что жизнь конечна – ничего
не только бы не понял – не услышал –

в том Харькове у тётушки моей
и дядюшки висит в сарае шкаф
с инвентарём – о скука! – плоскогубцы,
напильник… – рядом детская коляска –
кто упорхнул отсюда? – и всегда
одна калоша под велосипедом –

нет, я люблю соседские сараи! –
у дяди Коли фотоаппараты,
штативы, ванночки, футляры, линзы,
колёсики – фотограф-летописец
картошку жареную с простоквашей
ест и зовёт меня, и угощает –
а тётя Шура на веранде тесто
раскатывает – вот, смотри, как надо
раскатывать и как лепить края
вареников! – и я смотрю, смотрю –

смотрю – как все по-разному живут –

в сарае тёти Лиды по-другому –
она с Ивановной свой делит дом
и свой сарай –

Ивановна прислуживает в храме –
квартира аскетична и чиста –
кровать, застеленная насмерть –
подушки белоснежной горкой –
и белоснежна вышивка на них –
на Троицу пахучая трава
разбросана по полу – в церкви свечи
раскладывает, натирает
подсвечники – а иногда
берёт меня с собой – в квартире
на стенах забелённые следы
от пуль – в войну какой-то немец
пугал и заставлял её
пить молоко, когда она постилась –
Ивановна же говорила: «Ні» –
и он отстал –

в сарае у неё горшки
для куличей, тазы… – всё безупречно,
стерильно, прибранно, всё – благодать –

на половине тёти Лиды – стопки
мешков, какие-то верёвки, барахло
с завода – «быть» убито в слово «быт» –
безмужняя, она родит Олесю –
(а тётушка и дядюшка мои
ей детскую коляску отдадут) –
та подрастёт, и тётя Лида ей
с завода парашютный шёлк притащит
и платье ей сошьёт – и та, кружась,
легчайшая, почти взлетит –
и будет у обеих счастье –

но это позже, без меня –

ещё не всё – напротив – через двор –
Марья Петровна с дочерью – в их доме –
громоздкие торжественные лампы
и бархатом обита мебель –

их нет на фотоснимках дяди Коли –
на задохнувшихся, белёсых, стёртых,
хранящих отраженье тех,
кого ничто уже не отражает –

они за общий не садятся стол,
который накрывают во дворе
по праздникам – горды и неприступны,
гостей не принимают, и меня
не угощают никогда – но странно! –

их, сломанною мебелью набитый,
торшерами и сундуками,
я так люблю их чёртовый сарай –
кресло-качалка – я сажусь и ставлю ноги
на мягкую скамеечку под ним –
она материей обшита, вата
торчит из дыр – я втискиваю вату внутрь –

мне хочется там говорить – как странно! –

и я впервые говорю – да, там
я сам с собою говорю впервые –
и вот последний на сегодня дом –
он тоже надвое поделен –
мать, дочь и дочери
немолодая дочь – всё сведено
к тому, чтоб младшенькую выдать замуж –

сарай их пуст – заржавленные вёдра –
и это всё –

другая половина – тётя Поля
и сын её – с застенчивой улыбкой
нежнейший Павлик – он слегка косит –
он математик – почему-то их –
(я в том числе) – жалеют все – и эта –
моя – опять впервые! – жалость –

сарай их… – я не помню в нём вещей –
но помню: ни к чему
не прикасаюсь – там нельзя нарушить
безукоризненный порядок – там я тих –
сарай, где даже паутины нет –
высокий есть порог – на нём сижу
и вижу вертикальный свет… –

когда я о повешенных читал
Андреева – лет через семь – на даче
в Лисьем Носу – (не ведая, что тех,
с кого лепились образы, казнили
именно там) – увидел из окна
калошу в луже и обрывок
верёвки… бельевой вполне… –

то был дождливый день, зато назавтра
светило солнце, как светило там,
где грудятся дощатые сараи,
дома квадратом и куда ни глянь –
куда ни глянь – натянуты верёвки –
и на ветру полощется бельё,
как флаги бесконечной жизни.

21 мая 2023 г

Елена СЕВРЮГИНА

«маленький данте околоплодных вод»
Евгения Баранова

залётным птицам мало корма,
тесна оконная среда -
на одинаковости формул
стоят большие города,
где нет ни воздуха, ни веры,
и только плоть имеет вес…
свисают клочья атмосферы
с необязательных небес

и оттого, что так неярко
текут разрозненные дни,
я выхожу в аллею парка
в надежде что-то изменить -
как перед вылетом из пулко
во рваться в невский беспредел
и задышать легко и гулко
над массой однородных тел

и не остаться, не остаться,
но превратиться в зыбкий свет,
а всем законам гравитаций
сказать уверенное «нет»
что город? рай для несвободных,
где сонным бытом съеден век,
где «данте вод околоплодных»
едва ли выплывет наверх

* * *

чуть-чуть позолотит -
и вот уж вознеслось
и в зубы не смотря
дареному коню
я к ветреной траве
испытываю злость
я чувствую любовь
к холодному огню
я эхо всех веков
и плоть моя - альков
внутри меня скрипят

слепые маяки
и звуки шелестят
по телу облаков
и всплескивает страсть
мурашками реки
ирги дорожный вкус
малины сладкий груз
по илистому дну
шуршащие ерши -
кого благодарить
что я как прежде длюсь
живу во всех мирах -
и малых и больших

* * *

нас извлекут из пустоты,
не сразу всех - поочередно,
и вспыхнут грустные цветы
на коже памяти подводной,
и вспомнит вечная вода,
вращая времени спирали,
о том, чем были мы тогда,
когда еще не умирали

когда в бесплотной высоте
мы были лепетом и летом
и, не имея глаз и тел,
срастались голосом и светом,
когда, оставшись за дверьми
не нами созданного рая,
внезапно сделались людьми,
себе судьбу не выбирая

а было все - и грех, и град,
и грот, и горы, и ограда,
а было все - и смех, и сад,
и солнце с привкусом распада…
саднит вчерашняя зола,
но грезит смыслами земными
небес чернильная смола,
ища потерянное имя …

* * *

плодов снимали много в том году…
носили ведрами, затеивали бражку,
до вечера все окна нараспашку,
и кухня в абрикосовом чаду

плодов снимали много в том году,
и воздух был от запахов тяжелый -
в тени ограды прятался крыжовник,
а яблони стояли на виду…

а в этот год - седые стебли трав,
и на столах рябиновые вина,
переломилась жизни сердцевина
и стукнуло внутри - пришла пора…

куда ни глянешь - тусклые дома,
освобожденные от бремени хозяев,
пустые окна-рты свои раззявив,
стоят, как Чацкий в «Горе от ума»…

и вот зима - как видно, на беду -
и сад, такой растерянный и робкий ,
в метельной замяти совсем не видит тропки,
где, черная, по белому бреду…

плодов снимали много в том году ….

* * *

ничего не поделать -
зима оставляет следы,
разбивается день
о прозрачные хлопья воды,
о пороги и стены -
и тьма остается на страже
неосознанных страхов
и вечно несбыточных снов,
разливается желчь фонарей,
повторяя кино
декадентской эпохи -
иное не мыслится даже…
не мечтается даже,
что кто-то сумеет помочь,

потому что дорога, аптека,
безлюдная ночь
и отчаянье светом,
слепым и пронзительно громким,
оглушает тебя,
бесприютный смешной человек…
ты стоишь, а вокруг -
обжигающий холод и снег,
и фальшивые звезды,
и зданий пустые коробки…
но когда ты стоишь,
одиночеством белым храним,
неподсудны и годы,
и город, и небо над ним,
и собака, бегущая вслед
за последним прохожим,
запечатавшим тайны свои
в меховой воротник…
этот призрачный миг,
снеголетья связующий миг -
все, что есть у тебя,
все, что взять
у безвременья сможешь…

* * *

падает время, шатается ветреный век,
тот что по глупости столько всего натворил -
это не я, а какой-то чужой человек
вниз по ступеням идет, не касаясь перил,
внешне все так же - дома, переулки, скамья
возле подъезда, где бабки болтают « за жизнь»…
только не я - понимаете, это не я,
вышла из дома, в уме сосчитав этажи,
и замерла, будто цапля в стоячей воде,
канула в зыбкую топь, где бездумно-легко,
в сонном чаду выдавая волков за людей,
в лживом аду принимая людей за волков…
где этот свет, это небо на хрупких плечах,
«голос на цыпочках», молотый кофе и мед…
прежняя лена приходит ко мне по ночам,
ищет меня, но наверно уже не найдет -
снова куда-то за край убегают мосты,
плавится облако - и не понять ничего…

это ведь правда, что за руку держишь не ты
злое, в себе потерявшее мир существо?

* * *

культуру невозможно запретить,
культуру невозможно сократить
и обкорнать, как чахлый куст садовый,
по чей-то странной прихоти кондовой -
ее иначе следует растить

как можно слово вымарать до дыр,
когда оно и магия и мир,
вселенская гармония и голод?
небесной кровью выкормленный голубь
опять летит не в радиоэфир

но, подавляя вымученный смех,
гадаешь вновь, за этих или тех,
безвольно поклоняешься мамоне,
заев тоску шабли и маскарпоне,
не думая о том, что это грех

две разных стороны - одна беда
я не делюсь на части, господа,
я - легкая, единая, живая,
но этот мир, как рана ножевая, -
болид во мне, болит во мне всегда…

Наталия ЕЛИЗАРОВА

Простые щи, кефир с печеньем,
я не зову на огонёк.
Слова, лишивши их значений,
оставлю в книгах на денёк.
Я дверь запру, окно завешу,
глаза закрою, заслоню —
как шторой, веками — надежду
и поплыву навстречу дню —
другому, может быть, светлее,
чудесней, радостней, когда
я буду жить не как умнее,
а течь по руслу, как вода.

* * *

Стряхнув с себя весь сор и шелуху,
я стройному, прозрачному стиху
отдать готова и слова, и смыслы.
Так дерево — от корня до листвы —
стремится вверх дрожаньем тетивы,
и трепет этот, путь дыханьем выстлан.
Метанье обессилит, отболит,
но опытом бессрочным наделит
и выделит в судьбе ломоть и угол.
Граница называй его иль край,
но подойдя, перешагнув ту грань,
ты бесконечность поцелуешь в губы.
И будешь мироздание просить —
кричать, и умолять, и голосить:
«Нет, не сейчас, пожалуйста, не надо,
не забирай — теперь не отними,
когда полны дыханьем стали дни,
нет, не моги лишить меня отрады».

* * *

Всё, видимо, зависит от людей.
Один лежит, его ничто не держит:
ни мыслей, ни терзаний, ни идей —
лишь «ткани» под одеждой.

Другой в борьбе, он совершит прорыв,
но сколько сил уйдет на перемирье
с самим собой, чтоб после, дверь открыв,
сокрыться от больничного бессилья,

не тенью — снова стать самим собой,
не мумией под ветхою одёжкой,
а человеком, слышащим прибой,
идущим вьющеюся стёжкой?!

* * *

Так холодно и страшно иногда
 и кажется, что нет тепла и света,
 что в кассе просто не было билета
 на солнце, вот теперь снега, снега...
Беда с погодой снова в декабре:
 то грязь, то лёд, то снежные метели...
 А были ль мы с тобой на самом деле
 или зимой ослепшей снились мне?
Ошмётки снега дворники метут,
 машины месят грязевую жижу,
 и свет больничных окон ближе, ближе:
 они как будто человечков ждут
 в постели белокипенных снегов,
 где боль любую мерзлота утишит,
 где чистовик однажды кровью пишут
 поэмы снежной — в ней не счесть слогов.
 А человечки верят в новый год,
 где инеем резным застынут слезы,
 покажется, что мир для них и создан
 без разочарований и невзгод.
 И будет тихо память заметать...
Огни — гореть, а ёлочки — светиться,
 пока неслышно речь не превратится
 в заснеженную тонкую тетрадь.

* * *

Перестаю стихами говорить,
 слова уже не рифма, а привычка:
 учиться и учить, весну любить
 и не делиться личным.
Вы слышите? Нет музыки стиха,
 она осталась там, в году далёком.
Завидую я птицам перелётным,
 их смелым голосам.
Есть музыка, она не умерла,
 она живёт в колках, мехах и струнах,
 в мечтающих о счастье душах юных.
Чу!.. Мимо проплыла.

Елена ЛИТИНСКАЯ. Венок сонетов

1.
Взялась писать венок сонетов.
Так что же мне в него вплести?
Вопросов куча. Но ответов,
читатель, от меня не жди!

Зачем два раза вышла замуж?
(Один раз еле развелась).
Зачем морщинки под глазами
мою меняют ипостась?

Зачем сбежала из Союза,
презрев любимую Москву?
Зачем несу я память груза
ошибок и пока живу?

Вопросы мучают и жалят.
У каждого свои скрижали.

2.
У каждого свои скрижали,
своя заветная доска,
свои небесные стожары –
у мудреца и дурака.

Мы все под Небом дружно ходим.
Судьбой накатанный настил.
Сорняк не вырвать в огороде.
Глубокий корень он пустил.

Но заглушить сорняк не может
цветенье розовых кустов.
Пускай его досада гложет.
Не изменить ему устав.

Прошла зима. Настало лето.
Мои сонеты не про это.

3.
Мои сонеты не про это.
Ни глад, ни холод, ни война
конец не приближают Света,
над ним не властны. Имена

 князей, царей и фаворитов
давно покоятся в гробах.
А слава – что ни говори ты –
всего лишь прах, всего лишь прах!

Бегут года, летят ракетой.
И не спасают тормоза.
Не наложить на время вето.
Рожденье, жизнь… А что там за?

Ад или рай нас ожидают?
Зачем нас матери рожают?

4.

Зачем нас матери рожают?
Когда наступит смертный час,
до времени никто не знает.
Старик Харон доставит нас

в чертоги мрачного Аида.
Не тот айид, с которым гой
решил вкусить мацу для вида.
А сам в Талмуде ни ногой.

Но нынче мода – верить в Бога.
И коммунист повесил крест
иль могендовид у порога.
Кулич с мацой со смаком ест.

И даже в бога душу матерь
с эпохой новой слиться мастер.

5.

С эпохой новой слиться мастер –
наш современник и герой.
Готов к какой угодно масти,
ничем не брезгуя порой.

Коль голубые нынче в моде,
трансгендеры, ЛГБТ,
наперекор своей природе,
примкнет к движенью и т.д.

Простится с милою девицей.
Что делать? Надо в тренде быть.

Джон предлагает пожениться
и о девице позабыть.

Придётся, видно, слушать Джона.
Ведь наша жизнь — не время оно!

6.

Ведь наша жизнь — не время оно.
Долой обычаев труху.
И вальс под звуки патефона
не отзывается в паху.

Для полноценного уюта
и чтобы скрасить тусклый день,
включаем мы с утра компьютер,
i-pad, i-phone и прочью хрень.

Без техники мы жить не можем.
Она — как пища и вода,
как акт любви на жарком ложе,
как долгожданная страда.

Пока мы не у смерти в пасти,
прогресс внедряем с пылом страсти.

7.

Прогресс внедряем с пылом страсти.
А всё старьё идёт на мыло.
Пока мы не у смерти в пасти
и чтобы сердце не щемило,

мы улетаем без возврата
подальше от родимых мест,
покинув номер 6 палату.
Звучит прощальный благовест.

Не скрыться от печальных мыслей,
и разливается тоска.
Мы где-то в Небесах зависли.
Причал не выбрали пока.

Вместительное Неба лоно.
Прощаемся с ладьёй Харона.

8.
Прощаемся с ладьёй Харона.
Надежда! Как же без неё?
Она, как лира Аполлона.
И не убить её копьём.

Она покорна, безоружна
и невесома, словно пух.
Стремится к действию натужно,
и теплится в ней жизни дух.

Дух – не душа, хоть общий корень.
По смыслу разошлись слова.
Дух независим, непокорен,
когда душа едва жива.

Не говоря уже о теле.
Моё фурычит еле-еле.

9.
Моё фурычит еле-еле,
но, эскулапам вопреки,
выпрыгиваю из постели
и не отбросила коньки.

Но больше мне по вкусу лыжи.
С отцом в Измайловском лесу
катались мы не для престижа,
а для здоровья. Колбасу

из рюкзаков мы доставали
и чёрный Бородинский хлеб,
и на морозе уплетали
деликатесный ширпотреб.

Тогда в московских магазинах
колбасы были, как резина.

10.
Колбасы были, как резина,
а сыр так твёрд – едрёна мать –
что, по словам моей кузины,
им только гвозди забивать.

Но это всё – детали быта.
Была нам молодость дана.
Детали быта не забыты.
Лакали мы портвейн до дна.

На закусь, зубы не жалея,
баранки грызли, сухари.
И красный флаг в руке, аллея,
был ярче пламенной зари.

Ну а колбасы как резина.
Права была моя кузина.

11.
Права была моя кузина.
Деревня, речка, сена стог.
Но далеко до магазина.
То солнца луч, то дождь, то смог.

Снимали дачу по Казанке.
Песок, пруды, сосновый бор.
И земляника на полянке.
В сортир, само собой, на двор.

Скажу вам прямо, о клозете,
уютно-тёплом в те года,
никто (ни взрослые, ни дети)
не думал. Чай не господа!

А впрочем, тёплые клозеты
нужны зимой, весной и летом.

12.
Нужны зимой, весной и летом
удобства: газ, питьё, жратва,
трусы, сезонные штиблеты,
TV, газеты, печь, дрова.

Погода, сущая мерзавка,
 у нас, что хочет, то творит.
Теплынь зимой, а летом зябко.
Того гляди, метеорит

обрушится на землю нашу.
В Тунгуске случай был давно.

Упал метеорит. И в кашу –
деревья, люди. Всё одно.

Нечасто, что ни говори ты,
на нас летят метеориты.

13.
На нас летят метеориты.
Американский боевик.
Герои живы иль убиты.
И зритель ко всему привык:

к землетрясеньям и торнадо,
к лесным пожарам и дождям,
к обвалам горным… Если надо
спасай других, спасайся сам.

«Чем больше катаклизмов в мире,
несчастий разных, войн и бед,
тем больше пищи нашей лире», -
изрёк прославленный поэт.

За то его постигла кара.
Бедняга умер от удара.

14.
Бедняга умер от удара.
Мы все умрём в конце концов.
Мы лишены бессмертья дара,
и детям хоронить отцов

придётся поздно или рано.
Таков всеобщий наш удел.
Но заживает вскоре рана
средь суетных и важных дел.

Идём вперёд, сутуля плечи,
потерям отдавая дань.
Сознанье, что и сам не вечен.
За гранью жизни – смерти грань.

Но мы пока грустить не будем,
хоть жизни дар – на хрупком блюде.

15.

Взялась писать венок сонетов.
У каждого свои скрижали.
Мои сонеты не про это.
Зачем нас матери рожали?

С эпохой новой слиться мастер,
ведь наша жизнь — не время оно.
Прогресс внедряем с пылом страсти.
Прощаемся с ладьёй Харона.

Фурычит тело еле-еле.
Права была моя кузина.
Выпрыгиваю из постели.
И колбасу жую резиной.

А впрочем, жизнь не так плоха.
Смеюсь сквозь слёзы. Ха-ха-ха!

София МАКСИМЫЧЕВА

* * *

И скажи:
– Зачем это всё, зачем?
Тихий ход воды, синий плёс небес.
Сон приходит молча, ночной тотем.
Непонятно – умер или воскрес.
Словно лунный свет, смотришь сквозь стекло –
вот отец сидит, мастерит ковчег.
Вот чужое имя в тебя вросло,
безутешный плакальщик, человек.
И звезда горит, освещая тьму;
от доски сосновой летит на пол
смоляная стружка. Насуплен, хмур
плотоядный бог, что тебя подвёл
к земляному рву.
Заглянуть ли вниз?
И свербит, и тянет, и страшно так!
На часах две стрелки в одну сошлись,
но покуда воздух здесь не иссяк,
ловишь слабым ртом приглушённый звук,
вспоминая рыб затруднённый вздох.
И, сгущаясь, тени встают вокруг,
чтобы ты не верил ни в сон, ни в чох.

* * *

Закат натянут на подрамник,
Гор окунает кисть во тьму...
Не говори, что бросить камень
легко в озлобленном дыму.

Мы отреклись и заблудились,
презрев сородичей живых;
мутнеет ил в глубоком Ниле
среди речей своих скупых.

И словно, властвуя над словом,
его исторгнув изнутри –
иной придёт в венце терновом
из Та-кемета, Та-мери.

* * *

Намнёт земные склоны,
и сугробы
поверхность облюбуют до весны;
присаливая, ветры перепробуй,
пока в сонливый день погружены
надежды сомневающихся скифов
с цитатами излюбленной строфы,
и трутся о язык небесный рифы,
рифмованным подтекстом удивив.
И вишенкой,
и верхом святотатства,
где в зимний свет спелёнут и блестит
призывный текст,
как надобно брататься
под музыку докучливых молитв.
Как надо целовать друг друга в щёки,
и убивать,
и каяться, и стыть,
и вороватой скармливать сороке
медовую рождественскую сыть.

* * *

И корни мои умывает холодное море
          М. Ю Лермонтов

Странники ветхие в стылой низине,
бледные лики провидцев незрячих.
Грузное небо с прожилками сини
над колокольней, чей голос утрачен.

Туго молчание каменной веры,
оберег-медь в полинявших одеждах.
Дымный туман расстилается серый,
точно такой, как предсказан был прежде.

Нет голубей, только стрельницы светят,
сажа и пепел на культях садовых.
Чёрные яблоки падают с веток,
смотрят на них безучастные вдовы.

Что принесут они мёртвым поэтам?
Лиру без струн, холодеющий посох,

или молитву о днях недопетых,
или прокимен о жалящих осах.

* * *

Отпечаток лица,
или что это было?
Если стёрта пыльца,
колокольное било

слишком грубо звучит.
Высота вне регистра
белокаменных плит,
разливающих быстро

животворный кагор
из небесных сосудов.
За пределами створ
бродит местный Иуда.

Так не пей и не пой,
соловей разноликий,
вдругорядь на пропой
уходи без религий!

И в кромешном дыму
под цитаты из Ницше,
глас воззвахи к Нему
смерть транслируй потише.

* * *

Такой разлад, сумятица, разгром,
из жизни пьеса тянется на сцену.
Под взмах кулисный бархатным крылом
и я шепну растроганно кузену.
Не дом, где разбиваются сердца,
а гиблая обитель Гесионы,
где звук живой доносится с торца
земной веранды. Юноша влюблённый
пока не ищет смерти, дурачок,
безропотно выравниваясь с вязом,
где Богу вторит голосом сверчок,
укрывшись под кипреем долговязым.
И все ещё достаточно свежи,

наивны в восприятии сюжета,
и невозможно нам предположить
что время перемелет даже это.
Забудь, мой друг, военные долги,
условности, развязанные драмой,
ах, как сегодня паузы долги,
замалчивая истины упрямо!
И гаснут люстры солнечные, и
от тесноты становится так мало
обычной человеческой любви,
которая когда-то всех спасала.

* * *

И динамизм, и пустота,
всё – равновесие природы.
Спадает медная листва
на слой воды, где за исходом –
печаль летейская и дрожь,
хрящей гниение и плоти.
О, если просто бы: стряхнёшь
и позабудешь смерть на взлёте,
разбавив кровью жизни сон,
а воздух ржавчиной осенней,
где кожу сбросит на газон
платан – Платона соплеменник!
Но ты плечами поведёшь,
прохладу влаги ощущая,
и отвернёшься, «ни за грош»
спугнув с деревьев птичью стаю.

Так возникают холода
и городская отчуждённость.
Щепотка соли, голодать
нам предстоит, когда дотронусь
до ран,
открытых наугад
зимой – помазанницей божьей.
На хрупких стёклах конденсат,
за ними – снег, и бездорожье,
и оголённые стволы
дерев, остывших и безмолвных;
а нам усесться б за столы,
еловой дверью громко щёлкнув,
отгородившись от всего

потустороннего и боли,
холодной таволги тревог,
запорошённых метрополий,
осоловелых волчьих глаз,
непонимания просодий,
где лёгким воздухом обдаст,
что всё проходит, всё проходит...

Юрий МИХАЙЛИК

Александр Сергеич Пушкин не нуждается в защите,
Как бы вы ни постарались, он не ранен, не убит, -
вы пишите, что хотите, но, ребята, не взыщите,
он на Пушкинской в Одессе с легкой тросточкой стоит.

А вот вы, мои бедняги, вы нуждаетесь в уходе,
в медицинском наблюденье и в прогулках налегке,
с тонкой тросточкой подмышкой, при народе, на свободе,
от вокзала к горсовету, благо, он невдалеке.

Ну, а если и прогулки не излечат ваши души,
если ненависть и злоба посильней врачебных чар,
этот город – весь как Пушкин. А с надеждою разрушить
тут бывало очень много всяких разных янычар.

Вы сносите, что хотите, приводите в свой порядок,
запишите, где хотите, полный перечень обид,
от вокзала к горсовету – победительным парадом...
А он на Пушкинской в Одессе с легкой тросточкой стоит.

А над ним синеет небо, а за ним гуляет море,
и укладывает волны в ритме пушкинских октав,
этот город – сам как Пушкин – оживает в каждом взоре,
невзначай и ваше сердце тонкой тросточкой достав.

* * *

Одиночество – время созвучий,
одинокому ночью видны
лишь обломки зеленой, колючей,
может, жизни, а может, луны,
день был смутен, а сумерки скрытны,
только ночь прожигает насквозь,
то, что виделось прочным и слитным –
все раздельно, предельно и врозь.
Нет у ночи предвестий и знаков –
одиночеств полночный закал –
без пророчеств и без зодиаков,
лишь осколки от льдов и зеркал.
Все разрознено, все удаленно,
и не зная судьбы наперед,
лупоглазая птица-ворона
над тобой в темноте заорет.

* * *

Если бы не этот желтый камень,
бывший морем столько лет назад,
если бы не этот дальний пламень —
в море утопающий закат,
если бы не хрупкая от зноя
неба средиземная судьба,
если бы не листьев надо мною
утренняя тонкая резьба,
если бы не приглушенный, мерный
шепот волн, рожденных в глубине,
я бы позабыл тебя, наверно,
город мой, таящийся во мне.

* * *

Анне Голубовской

Эти кони возникли когда-то
из джунгарских побед и утрат,
и промчались по кромке заката,
и впечатались в этот закат.
И когда на слепом горизонте
странным блеском прорезало мглу —
там в небесной степи амазонка
вслед Тезею пустила стрелу.
Половецкая вольная воля
до полынных, ковыльных корней,
атаманское дикое поле
в темных тропах и храпе коней.
И над речкою в час половодья,
где коню по колено вода,
покачнуться, оставить поводья,
и упасть под копыта, туда,
где усталые лошади в мыле,
с рыжей гривой закат вдалеке,
и занятие, лучшее в мире, —
мыть остывших коней на реке.

* * *

Все проходит. Течение времени розно —
то спокойно, медлительно, то исступленно.
Повернувший на пальце кольцо Соломона,
не поймет эту запись — и грозно, и поздно.

В тихом лиственном шелесте вечных заветов,
этот шифр сохранится у рощиц и речек,
и в названиях бывших еврейских местечек,
отраженных зеркально в фамилиях русских поэтов.

Все бессмертно. Не вспомните – но повторите
в неожиданном ритме других поколений
позабытую музыку давних селений,
речку, плывшую словно строка на иврите.

* * *

Не спеши. Твоя шутка, конечно, остра,
и твои парадоксы точны,
но они вне законов тьмы и костра,
и пределов нашей вины.

Мы не знаем – кто мы, зачем, почему,
и куда мы летим во мгле,
но живущему кажется, что ему
так понятна жизнь на земле...

А всего наивней из наших надежд –
отыскать двойника вдали,
только семь миллиардов отважных невежд –
слишком тяжкий груз для земли,

слишком много жажд, слишком мало ума,
слишком слаб улетающий свет,
и чем жарче костер, тем огромней тьма,
за которой надежды нет.

А безумие это иль волшебство –
погибать на пути к звезде
тем, которые выжили оттого,
что не знали – кто мы и где...

* * *

А на том берегу растет самшит,
эта птица, наверно, туда спешит.
Там холодный мацони и сыр копчен...
Мы на том берегу совсем ни при чем.

Эта серая галька в горячем песке
остывает в ночи от нас вдалеке.
А на том берегу средь белого дня
ни за что ни про что любили меня.

Там орлиный клекот родных голосов
нам вослед поперек часовых поясов,
и бутылка вина на краю стола
как нежданная жажда тебя ждала.

Эта птица, быть может, летит туда,
где за синей седая стоит гряда.
Долететь и доплыть уже не смогу.
Но на том берегу, на том берегу...

* * *

Войны утробное урчание,
дыханье смрадное войны,
болезнь эпохи – одичание, –
и мы уже заражены.

Мы – ненависть. Ее микробы
родятся в боли и золе,
и мы растем кустами злобы
на изувеченной земле.

А там, над нами, в безмятежности,
наивен, горек, бестолков,
плывет наш мир во мрак веков –
из нежности, из безнадежности,
из розоватых облаков.

Олеся НИКОЛАЕВА

* * *

Бродит памяти жница,
смотрит, как век мой сжат.
Только сердце томится,
оглядываясь назад:
хочет там уместиться,
а ноги-то здесь висят,
раз опоздала родиться
лет на сто пятьдесят.

Поезд ушел с вокзала.
Шапок разбор. Разброд.
Темные после бала
окна, завален вход.
Лишь старомодный ало
бьет по глазам восход.
Всюду я опоздала,
вспять летя наперед.

Вот увяла и роза,
вот и смолк соловей.
Вот и иссохла проза:
фабуле тесно в ней.
Вот и рифма с обоза
сброшена в реку дней.

…Плачь же, как Лакримоза,
в царстве бродя теней!

ТЕОДИЦЕЯ

Это кто этот мир, этот сад
преподносит как черный квадрат —
дырку в грубой бездушной рогоже,
уверяя: никто не воскрес!
Нет ни глаз, ни ушей у небес.
Ничего у них нет. Ничесоже!

А раз так — как не рвать, не топтать,
не плевать, не хулить, не роптать,
призывая мокриц и драконов,

повторяя: никто не воскрес…
Славно здесь погулял мелкий бес,
семя в землю излил Передонов.

Оттого ли у отроковиц
и у отроков – между ресниц
вдруг такое мелькает…
В народе
«Свят, свят, свят», лоб крестя, говорят
на мертвящий, мертвеющий взгляд
василиска в российском изводе.

– Расколдуй меня, – просит страна.
Просят Солнце, Земля и Луна.
– Призови чудотворные силы.
Отдери этот черный квадрат,
за которым – сияющий град
и живые встают из могилы.

…Из глубин вековых – в свете дня
собирается вместе родня,
просит дать современный толковник.
И ведет вороного коня
прадед мой.
Он моложе меня.
Он – красавец, он – царский полковник.

Ветка с веткой на крепком стволе.
Древо высится. А на столе
вина царские, хлеб, разносолы...
Древний князь, выясняющий связь
меж потоками, благословясь,
Жизни вечной толкует глаголы.

…Если верить не хочешь – не верь,
закрывай свою черную дверь,
наколи себе метку на шее.
С Недотыкомкой в сердце – хана.
Но захочет Господь – и она
станет доводом теодицеи!

МАЛЬЧИК С ЗАЙЦЕМ

Желчный, злобный, почти лежачий старик. У него в мамках
немолодая дочь. Трогает его простыню: мокро? сухо?
А на фортепьяно – старые фотографии в рамках.
С одной из них смотрит мальчик с волосами из пуха,
пятилетний, в длинных шортах на лямках,
а в руке он держит зайца плюшевого за ухо.

– Сын? – спрашивает врач скорой помощи, указывая на фото.
– Отец это мой, – вздыхает немолодая женщина. Постарела
рано…
А старик костерит и ее, и медработников, и еще кого-то,
Кого он потусторонним взглядом видит с дивана.
А когда садится, смотрит в пол-оборота
и особенного ненавидит мальчика с зайцем, глядящего с
фортепьяно.

Словно тот обманул его! Посулил одно, а вышло криво, горбато.
Достались от жизни опивки одни, обмылки,
как в голове у этого зайца труха, опилки и вата.
Жена эти уши потом использовала, как тряпки, мыла ими
бутылки.
А мальчик с зайцем всё сияет в лучах заката,
будто не видит, как старика кладут на носилки.

– Что ты красуешься передо мной! – усильем воли последней
взором скользит по фото старик, но грудная клетка
надрывается кашлем, пахнет волокардином.
Уже в передней
так он кричит, что за стеной вскидывается соседка:
– Знать я твоих не желаю розовых бредней
и обличений безгласных твоих, малолетка!

Но мальчик с зайцем не слышит его. Невинно
он смотрит фотографу в объектив, боясь рассмеяться,
иль нос почесать некстати, иль скорчить мину,
иль зайца к груди прижать, как родного братца.
И вдруг замирает, будто рассматривает картину,
не переставая мечтательно улыбаться…

РАССКАЗ

Актриса, бывшая красотка, на главную не тянет роль, - так некрасиво постарела

и так некстати располнела, а все жеманна, как молодка, увядшая желтофиоль.

Была когда-то знаменита, была когда-то именита, а вот теперь – почти забыта, в глазах – хроническая боль.

Хотя она и молодится, – здесь вспять растенья не цветут, – и амплуа менять стыдится, но в героини не годится, а в куртизанки не берут.

Ну, только разве что матрону сыграть зовут, по телефону разок консьержкой позвонить. А то – надсмотрщицей на зону тупых охранников журить, да зечек молодых чморить. Иль на каталке подвозить Офелию и Дездемону, когда б ей новый сериал роль нянечки больничной дал…

Осталось разве что хвалиться былым любовником, сердиться, когда не верят ей, а он все также ладно скроен, строен, богат, востребован, спокоен, к элите славою причтен.

Скользя глазком по интерьеру, она твердит интервьюеру о том, как страстно был влюблен тот, имярек: рвалась на части его душа, кипели страсти…Интервьюер устал, смущен.

И он не верит! И сама-то, историей любви богата, вдруг усомнилась – а не сон

все это было? Всхлипы, вскрики! А где свидетельства, улики? Все смыло за один сезон.

Тьма настает, и память глохнет, и мокрый глаз от ветра сохнет, и блефом обернулась быль. И в рукаве не туз козырный, а так, шестерка. И – настырный –

во всем дешевый водевиль.

И что теперь? Мораль какая? Морали нет. Пускай, икая, былой поклонник о своем

житье печется, окликая любовь былую. Пьет вино. И слушает, как льнет к гобою виолончель…Давным-давно был счастлив он лишь с ней вдвоем! Лишь с ней вдвоем он был собою. Водой был полон водоем!

А ночь – сияньем. Женский локон так нежно щеку щекотал, и звездной сетью из волокон он пойман был, и в ней из окон над спящею землей летал…

Такое – не исключено. Напротив, очень вероятно: все воедино сведено, вдруг совпадают нити, пятна, слова и чувства. Безвозвратно, казалось, все пропало, но –

   живет живое, и обратно уносит памяти кино, спрядая нити
деликатно, как звездное веретено.

КАТАРСИС

С утра я мучила латиницу,
копя напрасную сутулость:
письмо в турецкую гостиницу
ко мне нечитаным вернулось.

И, значит, море, бугенвиллия
и бриз накрылись медным тазом.
Хандра осеннего бессилия
глядит в упор стеклянным глазом.

Не будет, значит, лодки, паруса,
цикад скрипичных у порога.
Тут вам ни эпоса, ни пафоса,
ни эроса, ни травелога….

Ну что ж, тогда свои владения
оглядывай, ища в них взором
катарсиса и вдохновения,
и Патмос мысленный с Фавором.

…Кто тайну прикровенной скрытности
воссоздавали, те едва ли
рабами были очевидности
и видимости присягали.

Зерно проклюнется, прокинется
дремавшая меж ребер птица.
И вся турецкая гостиница
в строфе короткой уместится.

Взамен неколебимой данности,
привычки все потрогать сходу –
непредсказуемости, странности,
сквозняк, окошко на свободу.

Феликс ЧЕЧИК

* * *

Завидую тому, кто мало
и долго пишет день за днём,
кого, как будто глину, мяла
и обжигала смерть огнём.
Завидую тому, кто снова
вымучивает, как в бреду,
непозволительное слово
у очевидных на виду.
И до того ему нет дела,
что происходит во дворе
и для чего опять запела
метель в июньском январе.
А я живу и в ус не дую,
а дую в старую дуду,
влюбившись в деву молодую,
себе и деве на беду.

* * *

Жить в Торжке, читая Марка Твена,
трубку полуночную куря.
И от счастья умереть мгновенно,
не дожив полсна до декабря.

И течёт, течёт в порядке бреда, —
от начала жизни до конца:
то ли время счастья, то ли Брента,
то ли бесконечная Тверца.

* * *

Виолончели
женское тело.
Гия Канчели —
жизнь пролетела?
Жизнь промелькнула?
Белые нитки?
Музыкой гула
облако-Шнитке.
Музыка бреда,
музыка страха —

вместо Альфреда,
Моцарта, Баха?
Будут другие
дали и выси.
Плачет по Гие
небо Тбилиси.
Нету, конечно,
рая и ада.
И безутешна
Данелиада.
Память бессмертна.
Утренно. Росно.
Неба concerto
tabula crosso.

* * *

Вот и засеяна пашня
осени поздней назло.
Водонапорная башня
светится, как НЛО.
Лампочек ярких гирлянды –
инопланетны сиречь.
Похолоданию рады
в спячку с пшеницей залечь.
Видишь, как в небе осеннем
стынет предзимняя тишь, –
пусть не душевным спасеньем,
а утешением лишь.

* * *

Здесь — понятно. А там, –
неужели покой.
Неужели «Агдам»
с «Жигулёвским» рекой.

Неужели любовь,
неужели зима, –
не сводящие вновь
человека с ума.

Неужели отец
в сигаретном дыму
и ещё не конец,

а начало всему.
Неужели опять,
бесконечно любя,
гладит юная мать
по головке тебя.

Здесь — понятно. А вдруг
если там пустота
и безумие вьюг
белизною листа.

Если там — ничего,
если там — никого,
лишь печали Его
и молчанье Его.

* * *

Растворившись: то в Шнитке, то в Бахе,
слабый голос сорвав, как джекпот,
я скучаю по утренней птахе,
и она, как умеет поёт.
Одинока, что во поле колос
и осенние волны с утра:
птичка певчая пробует голос, —
никому не жена, не сестра,
но метафора. Мне ли об этой
разновидности счастья не знать:
на два голоса песенке спетой, —
пролетарская челядь и знать?
Мне ли маяться, слушая трели,
оркеструя любовь, как свирель,
сердцем помня кувалды и дрели,
что звонили всю ночь не по мне ль?
В шесть с копейками — сдачи не надо –
рассвело, и ни с чем темнота
отступила. Прелюдия сада:
тра-та-та, тра-та-та, тра-та-та.

А. Б.

1

Лежу себе на третьей полке,
поплёвывая в потолок,

а по вагону рыщут волки
и бродит Александр Блок.
Он выехал из Петербурга;
и вот уже который день
по фене ботает, как урка,
и тень наводит на плетень.
Идёт направо — лес и поле,
идёт налево — ничего.
И, не мечтая о запое,
символизирует его.
Мир на мельчайшие осколки
разбился от всеобщих склок...
Лежит себе на третьей полке,
поплёвывая в потолок.
И, пролетая над Россией —
от богохульства до купели,
молчали жёлтые и синие,
в зелёных плакали и пели.

2

Убив и воскрешая вновь,
чтобы века летели мимо,
мумифицирую любовь,
как Ленина и Хо Ши Мина.
Пускай во мраморном ларце
она лежит живей живого,
не помышляя о конце
и ночью воскресая снова.
И ненавидя и любя,
и облаком июльским тая,
она лежит вся из себя, —
красивая и молодая.

* * *

А. А.

За щекой, барбариска,
тай, как жизнь, — поскорей.
Или я не из Пинска?
Или я не еврей?

И, осеннюю стаю
провожая рукой,
барбариской растаю
у Него за щекой.

* * *

На чёрной речке, да на чёрной речке,
всегда пасутся белые овечки.
И ночи коротки и бесконечны дни, —
не пуганы морозами они.

На белой речке, да — на белой речке,
всегда пасутся чёрные овечки.
А может быть, они на облаках
и с белыми не встретятся никак?

Валерия БАЛОБАНОВА

вложим всю нашу магию
в маленькое колечко.
чтоб не глазели всякие –
бросим колечко в речку.
плюхнется с бульком круглое –
светом пойдёт водица.
глянем – а всё, обуглены
светом тем наши лица.

ДВА СОСТАВА

преступление состоит:
из лица, что его совершило,
из бумаг, чёрных ниток, из шила.
из лица, что бумаги сшило,
из деяний дурных, паршивых
преступление состоит.

исступление состоит:
из скольжения дней-улитки
по церковной дощатой плитке,
из словесно-бумажной пытки,
из лучей на зубцах калитки
исступление состоит.

* * *

дверь казённая рыжая,
хриплый лязг стали слышу я,
входит бедная голова,
мантия читает слова:
два. два. восемь. один. четыре.
Переписываю псалмы из псалтыри,
двадцать третий (читай у крестика).
зачем было-то лезть туда?

Тень снежная, решётчатая;
нежна жизнь к нам не очень-то:
раньше-тумаки, а теперь «тюрьмак»,
в голове бардак, место сна-барак;
вместо сна-на снегу ты, в лопатку дуло.
Пургой снежной нас с тобой сдуло:

тебя – в ржавые оковы,
а меня – туда, где вдовы
липовые: живы мужья:
каждая – ни мужнина,
ни собственная,
ничья.

ПЕРЕСТУКИ

тук-тук-тук, пришла от твоей малява,
до чего ж она пишет всё-таки кучеряво!
её сладкие буквы мы уплетаем с чаем
всей своею конвойной стаей.

тук-тук-тук, гнилое наше нутро
снова письмами занесло!
сахарные листки твоей
всех нежнее и всех длинней.

тук-тук-тук, от твоей невесточки
даже пресной не прилетело весточки!
сахар видно уж весь потратила!
с чем пить чай теперь надзирателям?

ВОРОВОРОЖБА

Заворожит конвой
и прилетит домой.
А дома уж все мертвы:
ни матери, ни вдовы.

А, может, наоборот,
вернётся он слаб да мёртв:
мать дома, в слезах вдова,
кругом следы колдовства.

Не взять ворожбой конвой
и не прилететь домой.
Проходят годки вдовы
в тюрьме её головы.

* * *

Собирать человека, как на рыбалку,
читать рецепты ушицы и ждать с уловом,
подсмотреть, куда кольца девают вдовы,
расспросить: далеко ли уходят их рыболовы;
снять колечко своё, завернуть его в одеялку,
одарить ритуальным кругом златым русалку.

Написать человеку письмо на коре древесной,
рассказать, что над вашей речушкой туман густой,
удивить, что теперь речушка-сухое место,
горько звать человека из храма тоски небесной;
подписать бересту: «тебе, туда-то, твоя невеста».
И рукой безутешной бросить: далекий мой.

Вспоминать человека – утром, зимой, живого –
и вязать человеку зимние свитера.

Стихнуть этим глаголам никак не придёт пора:
ни реки уже, ни кольца теперь, ни улова.

СОРОК ДНЕЙ

и был вечер, и было утро – день сороковой

Сорок зорек было уж,
только солнце не всходило.
темень в водоёмах луж,
в тёмных лужах тонут силы.

Сорок было вечеров,
но ночей не наступало,
для грядущих злых годов
сорок дней мало и мало.

сорок дней – сто сорочат –
льды корёжат, силы тащат.
Сорок дней в ушах звучат
песней вихря в снежной чаще.

* * *

Пустей-пустей, головушка,
теряй, что набрала!
Воздушной стань, как пёрышко
из птичьего крыла.

Пустей-пустей, стань лёгкою!
пустою стань, башка!
Стань, головяшка, голою,
стань легче порошка!

Сбрось, голова, тяжёлое!
Всё сложное убей!
Простою стань! стань полою!
Пустей, пустей, пустей!

Лиана АЛАВЕРДОВА. Пять американских поэтесс. Переводы

ЭДНА СЕНТ ВИНСЕНТ МИЛЛЕЙ
(EDNA ST. VINCENT MILLAY)
(1892-1950)

ЖАЛОБА (LAMENT)
Слушайте, дети:
умер ваш отец.
Пиджачков нашью вам
из его пальто.
Накрою вам брючек
из его штанов.
Мы найдем в карманах
то, что он носил:
центики с ключами
в крошках табака.
Дэнни эти центики
в копилке сбережет,
и бренчать ключами
будет наша Энн.
Жизнь должна продолжиться,
а мертвые забыты.
Жизнь должна продолжиться,
хоть лучшие уйдут.
Съешь свой завтрак, Энн.
Прими лекарство, Дэнни.
Жизнь должна продолжиться,
не помню почему.

СОНЕТ 2 (SONNET 2)

Не лечит время. Это просто ложь.
Оно мою не облегчает боль.
О нем тоскую, если плачет дождь,
Его желаю, глядя на прибой.
Растаял снег, породы обнажив,
На улицах осенних листьев дым.
Но горечью любви полна я, им,
Весь прошлый год – он в сердце, в мыслях жив.
Есть сотня мест, куда попасть боюсь я,
Где все напоминает мне о нем.

Я с облегченьем захожу туда,
Где памяти о нем нет и следа,
И говорю: «Тут нет причин для грусти»,
И замираю соляным столпом.

СОНЕТ 115 (SONNET 115)

И даже в самом раннем поцелуе,
Когда бутон раскрыл свои цвета,
Сухое семя пряталось, взыскуя,
Что знала я, не знала лишь – когда.
Повелевал мой деревенский разум
Не спорить с переменою времен.
Почуяв холод, я смирялась сразу,
Что все растущее, увы, загубит он.
И лишь надежда слабая была,
Когда весна листву отрадно множит,
Чтоб лето было добрым, чтоб смогла б
И осень наступить немного позже.
Когда ж созреют грозди для вина,
Тебе скажу, что я сказать должна.

СОНЕТ 116 (SONNET 116)

Тебя я потеряла, что ж, законно.
По воле собственной и моему согласью.
Едва ли короли, на казнь влекомы,
Встречали с большей гордостью несчастье.
В ночи среди предчувствий и рыданий
Признаюсь в том, что осознать смогла:
Иссохнут слезы. Толку нет в стараньях
Держать в плену свободные крыла.
Была б хитрее я и беспринципней,
Тебя б на лето удержать сумела.
Но слишком я люблю тебя, чтоб липнуть,
И безвозратно то, что пролетело.
Коль с болью новой справиться готова,
Тебя я помяну лишь добрым словом.

МЭРИ ЭЛИЗАБЕТ ФРАЙ (MARY ELIZABETH FRYE)
 (1905-2004)

НЕ СТОЙ И НЕ ПЛАЧЬ НАД МОГИЛОЙ МОЕЙ
(DO NOT STAND AT MY GRAVE AND WEEP)

Не стой и не плачь над могилой моей:
Меня не найдешь ты спящей в ней.
Я в вихрях тысячи ветров,
Я в мягкой поступи снегов,
Я в нежных ливнях дождевых,
Я средь колосьев зерновых,
Я в предрассветной чистоте,
Я в грациозной суете
Круженья птиц, их чудных крыл.
Я есть сияние светил,
Цветы, что тронешь ты рукой.
Я в комнате твоей пустой
И в пеньи птиц, что слышишь ты,
Я в каждом лике красоты.
Не стой над могилой моей, скорбя.
Я не ушла. Там нет меня.

ЭДИЗАБЕТ БИШОП (ELIZABETH BISHOP)
(1911-1979)

ОДНО ИСКУССТВО (ONE ART)

Потерь искусством овладеть нетрудно.
Поскольку вещи норовят пропасть —
терять не катастрофа в жизни скудной.

Потеряны ключи и время. Нудно
теряйте что-то ежедневно всласть.
Потерь искусством овладеть нетрудно.

Теряйте же быстрее, резво, чудно:
фамилии, места, где не бывать.
Терять не катастрофа в жизни скудной.

Потеряны часы и как паскудно!
Любимый дом пропал — не отобрать.
Потерь искусством овладеть нетрудно.

Два города и две реки — я смутно
осознаю — плюс континент. Напасть!
Досадно, но не горе в жизни скудной.

Тебя утратить: жест любимый, чудный,
шутливый голос… Не пристало лгать…
Потерь искусством овладеть нетрудно.
Терять (Пиши!) не горе в жизни скудной.

АДРИЕН СЕСИЛ РИЧ (ADRIENNE CECILE RICH)
(1929-2012)

ТИГРЫ ТЕТУШКИ ДЖЕННИФЕР
(AUNT JENNIFER'S TIGERS)

Тигры тетушки Дженнифер прыгают по канве.
Яркие, словно топазы, резвятся они в траве.
Они не боятся сидящих под деревами людей.
Движения их благородны и лишены страстей.
Пальцы тетушки Дженнифер дрожат, продевая нить.
Иглой из слоновой кости труднее становится шить.
Кольцо обручальное, дядино, весомо и раритетно
На руку тетушки Дженнифер давит авторитетом.
Но вот умирает тетя. И пальцы испуганных рук
Окольцованы испытаньями, чей был не разорван круг.
Но тигры на той панели ее рукой сотканы
Гордо все так же прыгают – страха они лишены.

ЖАКЛИН ОШЕРОВ (JACKELINE OSHEROW)
(1956 г. р.)

КОРОТКАЯ ВСТРЕЧА С НЕИЗВЕСТНЫМ ГЕРОЕМ
(BRIEF ENCOUNTER WITH THE HERO, NAME UNKNOWN)

То ли в скромности девичьей было все дело,
то ли золото, вшитое в платье искусно,
целомудрие то ли души и тела
или просто обыкновенное безрассудство…

Возможно, платье для тебя значило много,
некогда руками любимого измято,
или ты скрывала изъян, недотрога,
иль свою беременность, стыдясь, хотела спрятать.

Может вестерн, переведенный на идиш иль чешский,
иль иной язык, на котором ты говорила.
Тут вспомнился Джон Уэйн, честно
уложивший четверых бандитов в могилу.

Иль обыкновенная девица, у которой
в давке вагонной сошли кранты.
Может, причина — с любимым ссора,
и самоубийство задумала ты.

Могла ты быть партизанкой в лесах,
отрабатывая прием этот снова и снова.
Кто знает, верила ль ты в чудеса
иль то был вообще неправильный маневр?

Мой тесть упомянул это, словно в порядке вещей,
когда я спросила его об эсэссовском боссе.
(В Биркенау он работал, избавляя от вшей.
Циклон «Б» тогда был в огромном спросе).

И тесть назвал Шиллингера, эсэссовца.
Тесть присутствовал при его умирании.
Когда женщине было приказано раздеться
(очевидно, тебя готовили для газовой камеры).

Но ты выхватываешь оружие Шиллингера,
его и трех охранников уложив, — жаль, мало!
Тесть сказал: были подобные примеры.
Конечно, в секунды тебя не стало.

То ли в скромности девичьей было все дело,
то ли золото, вшитое в платье искусно,
целомудрие то ли души и тела
или просто обыкновенное безрассудство…

Игорь АЛЬМЕЧИТОВ. Анна

- Извините, - она удивленно повернула лицо и посмотрела ему прямо в глаза, - можно к вам под крыло? – на мгновение ему показалось, что сейчас он услышит что-то резкое, но она лишь утвердительно кивнула, задержав взгляд на каплях дождя стекающих по его лицу, поднятом воротнике сырого уже пиджака, сгорбленных от холода плечах и веселом блеске где-то в глубине глаз.

- Залазьте... - она символично подвинулась, уступая место под зонтом.

Он протянул руку:

- Давайте я понесу...

Она покорно отдала ему зонт, улыбнулась чему-то и покачала головой.

- Вам в какую сторону?

- А вам?

Он весело улыбнулся.

- Пока не знаю...

- А когда узнаете?

- Когда скажете в какую сторону вы едете.

- С чего вы взяли, что я вам скажу?

- Ну не скажете... Бог с вами... Значит покажете...

- Это еще почему?

- Ну не бросите же вы меня под дождем... без зонта.

- Ну хорошо... А как будете возвращаться?

- Возьму у вас зонт, а завтра завезу.

- Это что, шутка?

- Какая же шутка? Вполне нормальное желание – не промокнуть до нитки. Не думаете же вы, что я его у вас банально украду?

- Откуда же я знаю? Мы ведь даже не знакомы, - она вдруг улыбнулась и в глазах ее, как в лужах после дождя заиграли огни фонарей.

Он посмотрел на ее влажные губы, ямочки на щеках и на мгновение прикрыл глаза, а когда открыл, спокойным и очень серьезным голосом произнес, глядя на ее губы:

- Зря вы улыбнулись.

- Почему? – она неожиданно нахмурилась, не в силах угнаться за перепадом его настроения.

- Теперь я вас точно не брошу...

- А если меня встречает муж?

- Да не врите, никто вас не встречает...

- Вот те на! С чего это вы взяли?

- Не знаю... Только никто вас не встречает.

Она опять загадочно улыбнулась и посмотрела на пустую мокрую дорогу, уходящую вниз к реке и огни противоположного берега, размытые серой пеленой дождя. Лужи еще мелко дрожали от падающих капель, но все сильнее пахло сырой землей и опавшими, гниющими уже листьями.

Он посмотрел на ее точеный профиль, несколько широкие скулы, коротко стриженые волосы, покрашенные в белый цвет, в каком-то ухоженном беспорядке.

- Не страшно?

- Чего?

- Ночью… Одна… Без мужа… Уже почти двенадцать.

- Нет, не страшно.

- Меня зовут Игорь.

Она опять улыбнулась:

- У вас так всегда?

- Что именно?

- Без перехода… От одного к другому.

- Не знаю… Не обращал внимания…Наверно постоянно.

- Ну, тогда меня зовут Анна.

- И куда же вы идете ночью, Анна? К тому же совсем одна? – Она подняла на него глаза и улыбнулась, и опять он почувствовал то же, что и пару минут назад – что влюбился и уже боится потерять то, чего еще не приобрел. – Если не секрет, конечно. – Добавил торопливо, опасаясь получить насмешливый ответ.

- С работы

- В двенадцать ночи?!

- Да… в двенадцать ночи.

- Не хочется о работе?

- Не хочется, – она опять улыбнулась.

- Господи, и что у вас за улыбка?

- И что у меня за улыбка?

- Не знаю даже как объяснить, – он запнулся, не в силах оторваться от бликов

фонарного света в ее глазах.

Она милостиво согласилась:

- Ну раз не знаете, то не объясняйте, – улыбка уже не сходила с ее губ.

Они приблизились к очередному фонарю. Теперь блики заиграли на ее губах. Он замер на мгновение, борясь с желанием без предисловий и долгих окольных фраз, здесь же обнять ее и зарыться лицом в невообразимый беспорядок на ее голове. Затем прикусил изнутри губу и осторожно, унимая искушение, засмеялся, предчувствуя, что она не поймет. Или испугается. Да и сам он не решится. По крайней мере, прямо сейчас.

- Не буду…

Она чуть прищурила глаза, читая на его лице отголоски одолевающих его чувств.

- И откуда же вы идете так поздно? – подстраиваясь под его тон. – Игорь, – добавила насмешливо-многозначительно и улыбнулась опять.

- Черт его знает… Шатаюсь без толку…

- Ночью?

- Ночью…

- Совсем без толку?

Он пожал плечами:

- Совсем.

Они уже стояли на пустой остановке. Редкие машины проносились мимо,

разбрызгивая осколки света. Дождь почти утих, и стало ощутимо тихо.

- Простудиться не боитесь? – она вдруг протянула руку и медленно провела

пальцами по его мокрым волосам.

- Нет, не боюсь.

- И успешно? – она опустила глаза, растирая между пальцев капли воды.

- Что именно?

- Шатания без толку…

- Сегодня – да.

- Это не в связи со мной?

- Да…

- Смотрите, компания из меня жалкая…

- Меня устраивает… Да, и черт с ними, с компаниями. Может я от них и прячусь в

городе по ночам.

- И часто прячетесь?

- Часто.

- И под дождем тоже?

- И под дождем…

- А почему без зонта? – она помедлила секунду и с усмешкой добавила, - Чтобы был повод под крыло попроситься?

- Нет, это случайно…

- Что именно? Без зонта? Или под крыло? – она хитро прищурилась, наблюдая за его замешательством.

- И то, и другое…

- Понятно… - она подняла глаза на пустую дорогу.

- Так куда вам, Анна?

Она назвала остановку.

- Ого!.. И как вы собирались добираться?

- На такси.

- Значит хорошо, что я встретился.

- Почему?

- Потому что я вас и отвезу…

- Давайте лучше выпьем кофе, а доеду я сама.

- Выпьем и кофе и доедем вместе.

- Ну вот, а потом я буду беспокоиться, как вы добрались.

- Вот уж за меня беспокоиться не надо. Со мной ничего не случится…

- Уверены?

- Да.

- Ну, хорошо, тогда идем пить кофе.

- Слушайте, Аня, давайте на "ты", хорошо?

- Хорошо…

- Так чем вы все-таки занимаетесь? В смысле – ты… – он таки смутился оттого, что начал первым.

- Работаю…

- И кем?

Она хотела было ответить, но лишь вздохнула и улыбнулась. Глаза ее опять засияли в свете фонарей. Чувствуя, что опять тонет в ее глазах, уже боясь долгих секунд молчания, он спросил первое, что пришло в голову:

- Все еще не хочется о работе?

- Все еще не хочется…

- И часто так работаете? – он посмотрел на часы.

- Сегодня пришлось задержаться…

- И успешно?

- Успешно… – она усмехнулась, отвернулась в сторону и потянулась в карман легкого пальто за сигаретами.

- Куришь?

- Курю… Иногда.

Пока она доставала из пачку сигарету, ковырялась в сумке в поисках зажигалки, он молча пожирал ее глазами, чувствуя, что уже переигрывает со своим неумелым восхищением. Точнее, попыткой показать его намеренно наглядно.

Она глубоко затянулась и, не поднимая головы, тихо произнесла:

- Уже сентябрь…

- Да, – эхом отозвался он, – уже сентябрь.

Она подняла на него глаза, поежилась от сырости, еще раз затянулась и задумчиво посмотрела на сигарету. Он протянул руку, мягко забрал у нее сигарету и бросил ее в искрящийся поток воды, несущийся по краю дороги.

- Холодно?

- Да, прохладно...

- Держи, – он протянул ей зонт, нырнул под него и обнял ее сзади.

- Сожми кулаки...

Она покорно сделала, как он просил, не поворачивая головы, лишь спина чуть напряглась в неуверенном ожидании.

- Не бойся... – он обхватил ее кулаки своими ладонями, согревая ее руки, прижался губами к ее затылку и нежно выдохнул горячий воздух.

- Так теплее?

- Да... – он скорее почувствовал ее улыбку и осторожно поцеловал ее волосы.

- Извини...

Она мягко освободила свои руки и передала ему зонт. Потом взяла его левую руку в свои ладони, поднесла к лицу и, словно боясь нарушить зыбкое спокойствие, молча поцеловала ее.

Неожиданно зазвонил телефон. Он механически сунул руку в карман.

- Это у меня... – она потянулась к сумочке, расстегнула молнию и вытащила телефонную трубку.

- Да?.. Привет... – лицо ее как-то сразу осунулось, – Все в порядке... Нет... Не могу... - она пристально посмотрела на него, – Нет, я уже около дома... Нет, не хочу... Сегодня нет... Хорошо... Ладно... Нет, не смогу... Звони... Пока... – она сложила трубку и отвернулась от него.

- Я покурю, хорошо?

- Хорошо...

Она положила телефон в сумку, вытащила пачку сигарет, но после секундного раздумья положила ее обратно.

- Дождь закончился... – она подняла лицо к фонарям.

- Замерзла?

- Да... чуть-чуть.

- Иди сюда... под крыло, – он улыбнулся ей, и она осторожно придвинулась к нему. Он мягко обнял ее и выдохнул горячий воздух ей в затылок. Она поежилась, как от щекотки и он всем телом снова почувствовал ее робкую улыбку...

...Он вернулся мыслью во вчерашний день. Вспомнил ее глаза в отсветах фонарей и от неожиданности радостно улыбнулся – на некоторое время совсем забыл о ней – самом объемном воспоминании последних часов, опять зациклившись на самом себе. "Анна, – мысленно растянул слово и улыбнулся. – Надо же... Анна..."

Он закрыл глаза и укрылся с головой одеялом. Чтобы

отгородиться ото всего мира, пусть даже такой ненадежной стеной. В знакомой себе вселенной… знакомой от края до края…

На следующее свидание он так и не пошел, боясь привыкнуть к ней… к той, которую все равно пришлось бы потерять рано или поздно…

Он улыбнулся про себя… мечту захотелось оставить в памяти мечтой, не окуная ее в реальность… хотя, удержаться от звонка и встречи с ней стоило неимоверных усилий воли и душевных терзаний…

…Больше он ее не видел… Разве что единственный раз в городе, спустя почти целый год. Да и то издалека…

Ефим БЕРШИН. Комната смеха

Я проснулся в комнате смеха в холодном поту, с ощущением безвозвратной потери – потому что мне приснилось, будто умер Пушкин. То есть, сначала мне приснилась площадь, на которой открывали памятник Пушкину. На площади собрались люди, много людей. Все стояли и ждали, когда откроют памятник. К микрофону по очереди подходили, по-видимому, важные руководители и вдохновенно говорили о певце свободы. Они клеймили позором царя и всю его царскую власть. Потом то же самое говорили поэты, но уже в рифму. Наконец, оркестр сыграл туш, и важные руководители вместе с поэтами сдернули покрывало. Но под покрывалом, к моему ужасу, оказался пустой постамент. Пустой постамент из черного мрамора. Я рвался из толпы, расталкивал локтями рядом стоящих, задыхался и все спрашивал: где же Пушкин? Почему его нет? От меня шарахались, на меня шикали, даже пытались ухватить за шиворот, чтобы выбросить вон из толпы. В конце концов, какая-то сердобольная старая женщина, предварительно посмотрев на меня, как на больного, зашептала на ухо:

– Откуда взяться Пушкину, сынок? Он же умер.

И меня объял ужас.

Поворочавшись на жестком диванчике, я все-таки сообразил, что это был сон. Но сон этот почему-то продолжался, хотя я проснулся. Он не отпускал меня. И я вдруг понял, что все правильно, что постамент и должен быть пустым, что Пушкин стал частью огромной, вечной, космической Пустоты, которая так манит и так пугает. И памятник тут ни при чем.

* * *

Торговые суда на рейде заслоняли горизонт белоснежными парусами, с которыми сливались голодные утренние чайки и альбатросы. Чуть дальше, левее Ланжерона, копошился порт. Вернее, еще не порт даже, а несколько уходящих в море причалов – начало будущего порта. У берега, стоя по колено в воде, заспанные мальчишки с удочками пытались выловить из прозрачной воды дородных бычков, но вылавливали только принесенные штормом водоросли. И с завистью посматривали на возвращающиеся с утреннего лова шаланды.

Постепенно стало припекать, и я двинулся вдоль берега, осторожно преодолевая мелкие овраги, заросшие кустарниками, бурьяном и ромашками. Все еще дикий, неухоженный берег довольно высоко висел над морем и в некоторых местах был буквально непроходимым. Но мне удалось преодолеть последний глубокий овраг и выйти на шум суетливой стройки: сотни две мужиков корчевали деревья и мостили булыжником дорогу. Явно строили улицу, ведущую к причалам. Или бульвар, по одну сторону от которого плотно пригнанные друг к другу уже стояли дома, своей архитектурой живо напоминавшие Париж или, скорее, Марсель. Но пыль и грязь вокруг были пока местными, одесскими.

Поднявшись вверх от моря, я вначале обнаружил огромную театральную афишу, сообщавшую, что ближайшие две недели в городе гастролирует итальянская опера, а, пройдя чуть дальше, обнаружил застрявший в яме экипаж, который изо всех сил вытягивали два вола, подгоняемые двумя же довольно мелкими, но вполне энергичными мужиками.

— От-то-цобе! От-то-цобе! — орал один, как будто перед ним были не волы, а быки.

— Тяни, проклятые! — вторил ему другой.

— Не вытянут, — засомневался, стоя у своей бочки, торговец питьевой водой. — И тут же заорал: — Рубль бочка! Рубль бочка!

— Или вытянут, — предположил у той же бочки кособокий мужик с бутылью.

— Какой ужас, мон шер ами! — пропела высаженная из экипажа дама в шляпке с вуалькой, прижимаясь к своему спутнику. — Что мешает его превосходительству распорядиться, наконец?

— Государственные дела, мадам, — ответствовал спутник, поправляя цилиндр. — Исключительно государственные дела. Император приказал прежде прочего благоустроить порт. И подъезды к порту. Торговля страдает.

Проходя мимо них, я учтиво поклонился и изобразил на лице крайнее сочувствие, что было воспринято, по-видимому, вполне благосклонно. По крайней мере, дама грустно улыбнулась в ответ, не скрыв, однако, и удивления.

Осторожно перейдя по ветхому мостику очередной овражек, я вышел на изящно застроенную улицу, пока, впрочем, обходившуюся без мостовой. Зато рядом обнаружился причудливый дом, вывеска у дверей которого оповещала, что это не что иное, как «Гостиница Отона с ресторацией и игорным залом». Игорный зал меня никак не заинтересовал. Зато возможность позавтракать в ресторации привлекла.

Войдя в залу и оглядевшись, я пристроился в углу у окна и стал ждать официанта, который не замедлил вынырнуть из-за ближайшей шторы.

— Чего изволите, ваше.., — тут он запнулся, и стал оглядывать меня с нескрываемым и даже нескромным интересом. — Ваше высоко… бродь… дительство… свежий окунь… раки… телятина с ужина осталась. Шо желаете? — И попятился.

— Глазунью и кофе.

Официанта сдуло, как сквозняком. Зато через несколько мгновений из-за той же шторы выглянуло несколько любопытных физиономий обоего пола с глазами, вылезающими на лоб. И тут же скрылись.

В ожидании глазуньи я еще раз оглядел зал и, кажется, понял, чем так удивил персонал ресторации: моя одежда слишком уж отличала меня от других клиентов. А, главное, не давала возможности определить, какого я рода и звания, что доставляло крайнее неудобство.

В этот момент в зал вошла давешняя дама с вуалькой в сопровождении своего кавалера, а, может, и вовсе мужа, и принялась оглядываться, ища свободные места. Но таковых не было. Заметив крайнюю растерянность на ее лице, я вскочил, поклонился и, пользуясь относительной простотой южных нравов, пригласил обоих за свой столик.

— Очень мило с вашей стороны, — чуть присела дама, — пригласить нас. — И тут же затараторила нежнейшим голосом: — Всю ночь глаз не сомкнули, а тут еще и гиштория с нашим экипажем. Не на жаре же дожидаться, пока эти противные мужики его вытащат. А муж мой уперся и ни в какую. Говорит, здесь не место для нас. А улица место?

— Статский советник Яновский Казимир Казимирович, — отрапортовал мужчина, выпрямившись во весь немалый рост. — А это моя жена, Елена Николаевна. Вы уж простите ее разговорчивость.

— Вот и славненько, Казинька. Здесь так интересно!

— А вы, простите, какого звания? — поинтересовался Казимир Казимирович. — Вы, как я вижу, приезжий?

— Тоже, — ответствовал я, — советник… э-э… штатский… по делам искусства. Больше комедиантами интересуюсь.

— Как это мило! — воскликнула Елена Николаевна. — То-то я смотрю, вы несколько странно одеты. Пиэсу разыгрываете?

— Можно сказать и так. Пиэсу. А можно и наоборот.

— Это как же?

— Никто не знает, кто кого разыгрывает: мы — пиэсу или пиэса — нас.

— Ах, как забавно! Не правда ли, Казинька?

— Вообще-то его высокородие прав: я тут проездом. Путешествую по Новороссийскому краю. Я, знаете ли, убежден, что новые земли империи имеют надобность не только в торговле, но и в искусствах. И чрезмерно счастлив тем обстоятельством, что и сам государь Александр Павлович, и его превосходительство граф Михаил Семенович это понимают. Не случайно же в Одессе гастролирует итальянская опера. Но, согласитесь, неплохо бы нам уже и свою иметь, так сказать, на манер итальянской.

— Комедиантов у нас и без того хватает, — откинулся на спинку кресла Казимир Казимирович. — Даже, извините, неплохо бы убавить. Давеча на балу у Елизаветы Ксаверьевны только и разговоров было, что об одном комедианте. Вот ведь, шельмец, чего удумал. Язык не повернется изложить.

— Казинька, ну как ты можешь? — перебила его жена. — Пушкин не комедиант, он пиит. И, говорят, не без способностей.

— И к чему же он способен? — недовольно переспросил Яновский. — К торговле, строительству, военной службе? Чем может послужить государю или хотя бы нашему городу, где его приняли и облагодетельствовали? Граф ночи не спит, все думает, как наш край получше устроить. А он? Одни насмешки да распутство. И ведь жалованье из казны получает! А служить — увольте. Это пусть другие.

— Позвольте, ваше высокородие, а не тот ли это Пушкин…

— Именно тот! — перебил Казимир Казимирович. — Именно. К сожалению.

— Но он пользуется расположением иных дам, — хитро улыбнулась Елена Николаевна. — Ужасен, конечно, сущий африканец. Но бывает очень мил.

— Дамы уже вызвали неудовольствие графа. Особливо Вера Федоровна. — И Казимир Казимирович оглянулся по сторонам, словно опасаясь, что кто-то подслушает информацию, предназначенную покуда лишь для избранных. — Надо же! Муж, поди, почтенный человек в Петербурге, а она здесь потворствует сумасброду.

— Ну, что ты, шер ами! — Елена Николаевна погладила руку мужа. — Супруг Веры Федоровны известный литератор.

— И что с того? Нет, таких комедиантов нам не надобно. Мы, знаете ли, патриоты Отечеству и городу своему, у нас и дом тут поставлен. И дети наши, и внуки, и правнуки тут жить будут.

— Ах, дети! — вздохнула Елена Николаевна. — Даст ли господь?

— Даст! — заверил Казимир Казимирович, чуть заметно покраснев.

Тут дали, то есть подали мою шипящую на сковородке глазунью. Что вызвало почему-то странную реакцию Елены Николаевны.

— Как это мило, Казинька, — сказала она. — Настоящая глазунья! Как это романтично. Почему у Елизаветы Ксаверьевны на балах никогда не подают глазунью?

И мило засмеялась собственной шутке, откидывая прелестную головку и кокетливо прикрывая рот черной перчаткой под цвет вуали.

* * *

Дворец генерал-губернатора Новороссийского края и полномочного наместника Бессарабской области графа Михаила Семеновича Воронцова белоснежным облаком плыл над высоким берегом Одесского залива, вызывая некоторую зависть местной знати и страх простых горожан. Поэтому без особой надобности старались мимо не ходить и не ездить. Да и ездить, в общем, было некуда, потому что почти сразу за дворцом земля была расколота глубочайшим оврагом, по дну которого с трудом продирались к строящемуся порту тяжело груженые зерном подводы. По-местному – биндюги.

Впрочем, избранное одесское общество собиралось время от времени в парадном зале дворца отнюдь не только потому, что к этому вынуждало высокое положение. И не из одного лишь пиетета к генерал-губернатору и его прелестной супруге. Балы, которые обожала давать Елизавета Ксаверьевна, служили, быть может, главным источником информации, предназначенной для относительно широкого круга. Здесь можно было точно узнать, с кем сегодня нужно дружить, а кого стоило бы и посторониться. Настроение графа удивительно точно отражалось на поведении его жены. И для опытного завсегдатая балов этого было вполне достаточно.

Ночь, проведенная во дворце без сна Казимиром Казимировичем и его супругой, ознаменовалась любопытным событием: среди приглашенных не было не только впавшего в глубокую немилость Пушкина, но и княгини Вяземской, сославшейся на нездоровье. Что было весьма странно, поскольку, во-первых, намедни видели ее весьма бодрой, а, во-вторых, Вера Федоровна находилась в довольно-таки доверительных отношениях с Елизаветой Ксаверьевной. А посему бальная зала полнилась слухами, перешептыванием, недомолвками и догадками. В точности никто ничего не знал. Никто. Кроме, может быть, самой графини. Но она хранила грустное молчание, и только по лицу ее можно было догадаться, что происходит нечто малоприятное.

* * *

Вера Федоровна тем временем пребывала в крайнем смятении, уже сама плохо понимая, каким образом она, взрослая женщина, мать семейства, позволила втянуть себя в опасные затеи этого мальчишки. По доброте, конечно. Исключительно по доброте. Нет, понимала, что – талант. Понимала, что сладкой жизни ему не будет. Понимала. И жалела. Но ведь форменный сумасброд. Просто мальчишка. Господи! Убьют его здесь.

И Петр Андреич, конечно же, не одобрит. Не одобрит, хоть Александра любит и даже считает своим другом. Не одобрит.

Ведь одно дело любить и жалеть, и совсем другое – ох, страшно вымолвить… Преступление против воли государя! Причем, сама, сама все придумала. Александр и не просил ни о чем таком. Так, заикнулся только, что неплохо бы глянуть за море. А она и повелась. Да с чисто женской практичностью кинулась денег искать на дорогу. И Елизавету Ксаверьевну втянула, что уж совсем не к добру.

А ему – хоть бы что. Чуть стемнеет, отправляется едва ли не каждый день на извозчике на хутор Рено выслеживать очередную даму сердца. Правда, когда решена была его высылка из Одессы, прибежал с дачи Воронцовых растерянный, без шляпы и перчаток. Пришлось даже человека за ними посылать. Но ничего, примирился. Не сегодня же ехать. И не завтра. Какое-то время еще есть. Можно отдаться увлечению.

И как вскрылось-то? Непонятно. Елизавета Ксаверьевна только и сумела сообщить о глубоком неудовольствии графа и о его желании, чтобы ее, Воронцовой, сношения с Вяземской прекратились. Очень, дескать, Михал Семеныч сердит на обеих. Особливо на княгиню. Но как узнал-то? Неужто сама графиня и проговорилась? И что теперь будет с Сашей? А со всеми нами? Как жаль, что Петра Андреича рядом нет. Письма-то когда еще дойдут? А понять, что делать – сегодня надо бы.

* * *

– Ваше высокородие! – завопили мужики с порога, откуда их пытался вытолкать наружу гренадерского вида швейцар. – Вытащили, ваше высокородие!

– Ну, слава богу! – откликнулся Казимир Казимирович. – Я уж думал, до ночи провозятся.

Распростившись со своими новыми знакомыми, я отправился побродить по городу. Спустившись поближе к уже преодоленному мною утром оврагу, свернул на Итальянскую улицу, утонувшую в тени платанов. Ходить здесь было, конечно, небезопасно, поскольку улицу буквально разрезали морщины канав, она спотыкалась на грудах камней и прочего мусора. Но, что важно, здесь уже мостили дорогу, которая местами даже напоминала почти паркетную залу. Дойдя до «Северной гостиницы», принадлежавшей, как следовало из вывески, французскому негоцианту Шарлю Сикару, я на минуту остановился, раздумывая, не устроиться ли здесь на ночь. Но не стал, и побрел, коротая время до сумерек, дальше, к базару – мимо еврейских лавочек, наполненных привезенной из-за моря мануфактурой, мимо чубатых малороссов, прямо с телег торговавших свеклой и картошкой, мимо хитрых усатых греков – рыбных королей Одессы. Вся южная жизнь кипела на пыльных улицах – активная, шумная, красочная и певучая, как итальянская опера.

Чуть солнце стало клониться к западному берегу залива, я вернулся поближе к театру, на угол Дерибасовской и Ришельевской, где невдалеке ржала и била копытами извозчичья биржа.

– Куда, барин, изволите? – подскочил низкорослый мужичонка, суетливо почесывая бороденку.

– На хутор Рено.

– Далековато будет, барин. Разве из шести рублей токмо. Оно, конечно, следовает пять, но уж темнеть скоро будет.

– Где хутор-то хоть знаешь?

– Это не сумлевайтесь. Возил. Возил на этот хутор. И не раз возил. Где наша не пропадала.

Я вгляделся в мужичонку попристальнее – кого-то он мне напоминал. Но кого – я сразу не вспомнил. А, может, показалось. В общем, пришлось соглашаться на шесть рублей. Не пешком же идти.

С необыкновенным проворством извозчик провел экипаж среди ям и ухабов, вывернул к окраине, которая начиналась почти сразу за городским центром и, поднимая пыль, пустил кобылу по Малофонтанской дороге. Устроившись поудобней на мягком сиденье, я с интересом разглядывал бегущий вдоль дороги пейзаж. По левую руку, где-то далеко внизу, сливаясь с небом, бродило предвечернее море. Справа остывала после дневного зноя степь, изредка заслоняемая от глаз небольшими придорожными зарослями акаций и пирамидальных тополей. Проезжая очередной такой оазис, я вдруг услышал кукушку. И даже стал было считать, но не успел – пролетка быстро пронеслась мимо, и голос кукушки пропал в густой тополиной листве.

* * *

– Так вы меня слушаете, барин? – переспросил извозчик, которому, конечно, было скучно погонять кобылу молча.

– Слушаю, слушаю, – заверил я, занятый своими мыслями.

– Так вот, я и говорю: прихожу я к нему на квартиру. Жил он в клубном доме, во втором этаже. Вхожу в комнату: он брился. Я к нему. Ваше благородие, денег пожалуйте, и начал просить. Как ругнет он меня, да как бросится на меня с бритвой! Я бежать, давай, бог ноги, чуть не зарезал. С той поры я так и бросил. Думаю себе: пропали деньги, и искать нечего, а уже больше не повезу.

– Это кто ж такой?

– Я ж сказал: чиновник из графской канцелярии. Возил я его раз на хутор Рено. Следовало пять рублей; говорит: в другой раз отдам. Прошло с неделю. Выходит: вези на хутор Рено!.. Повез опять. Следовало уж десять рублей, а он и в этот раз не отдал. Возил я его и в третий, и опять в долг: нечего было делать; и рад бы не ехать, да нельзя: свиреп был, да и ходил с железной дубинкой.

Тут я стал что-то припоминать, повнимательнее пригляделся к вознице, и неожиданно из меня вырвалось:

– А Вася-то что?

– Какой Вася? – не понял он. – Не было никакого Васи.

Ну, да, действительно, какой Вася… Вася.

– А фамилия-то твоя как?

– Береза, барин, моя фамилия. Все мы Березы, весь род. – И оскалился в бороду. – Иные, конечно, надсмехаются. Вроде как мы деревья, а не люди. И бог с ними, пускай надсмехаются.

– Что ж, так и не отдал денег-то?

– Кто?

– Ну, чиновник-то этот.

– То-то и оно, что отдал. Прошла неделя, другая. Только раз утром гляжу, – тут же и наша биржа… растворил окно, зовет всех, кому должен… Прихожу и я. На вот тебе по шести рублей за каждый раз, – говорит, – да смотри вперед, не совайся!

– Да зачем же ездил он на хутор Рено?

– А бог его знает! Посидит, походит по берегу час, полтора, потом назад.

– Как так? Разве он не на дачу к даме сердца ездил?

– Про даму сердца, барин, ничего сказать не могу. А только видел я, что никакой дачи не было. По берегу ходил – было. А про дачу ничего не знаю.

* * *

С полверсты примерно не доехав до хутора, я спрыгнул на землю и побрел к берегу, оставив извозчика дожидаться у дороги. Чуть дальше, где берег легким выступом уходил в море, уже светились огни дачного поселка – словно мелкие осколки догорающего заката. На гальке у самой воды спали перевернутые лодки, и тут же, привязанные к сваям уходящего от берега узкого причала, дышали на мелкой волне готовые к ночному лову шаланды.

Пройдя три десятка метров по мосткам, я скользнул за заграждение и заглянул в темную вечернюю воду. Контуры моего отражения плавали в беспокойной воде, то истончаясь до полного исчезновения, то вновь обретая форму, летящую, прыгающую, извивающуюся, словно вода отражала призрак. Она отражала не только меня. Она отражала затухающее небо и первые вызревшие на нем звезды. В ней, точно таким же образом извиваясь, плавали прибрежные пирамидальные тополя, теряя в сумеречной воде свои острые кроны. Море отражало целый мир. Оно искажало целый мир. Это было гигантское кривое зеркало из комнаты смеха. И этой комнатой смеха был целый мир, мир, где уже никто не смеялся, глядя на свое отражение

* * *

Никто не смеялся, хотя, конечно, все это было смешно. Какая дача? Какая дама сердца? А еще и деньги! Зачем? Если бы он решился, любая шаланда увезла бы в ночь, к западному берегу за сущие гроши. И все! А если пролеткой – так еще проще. Степью… До Измаила или Рени. Никто бы и хватиться не успел. Нет. Этот берег был границей. Но не границей между странами. Не границей между водой и сушей. Нет, другой границей. Никому и не заметной. Здесь рождался выбор. Выбор без выбора. Не гамлетовское «Быть или не быть». Другое: «Не быть или не быть?» И как именно не быть.

Бежать за море – уцелеть, но не быть. Вернуться – погибнуть, но быть. Или не быть?

– Выбор? – извиваясь и размахивая тростью, смеялся из воды призрак. – Нет никакого выбора, потому что выбор уже давно сделан. Распорядок установлен. Пиэса написана. Нет никакого выбора. Есть только искушение убежать со сцены.

– Куда убежать?

– В никуда. Со сцены – только в никуда.

– То есть исчезнуть?

– Что должно исчезнуть – исчезнет непременно. Чему дано возродиться – возродится.

– Значит, вернуться? Вернуться и…

Я оглянулся. Призрак, размахивая тростью, уходил по мосткам в сторону берега. Его ладная фигурка в цилиндре таяла в подступающей темноте. Я заглянул в воду: она больше ничего не отражала. Кинувшись к экипажу, я услышал скрип рессор, хлесткий выстрел кнута и успел разглядеть на заднем сидении коляски выступивший на фоне почти погасшего неба высокий цилиндр. Призрак на моем экипаже возвращался в Одессу. Или… не призрак? Или я не заметил, как сам стал призраком? Господи, ну какие призраки в наше время!

Так или иначе, но экипаж умчался. А я остался среди ночи на берегу. Делать выбор, которого нет. Выбор без выбора.

Поодаль светились огни дачного хутора Рено.

Юлия ВЕЛИКАНОВА. Старуха

Женщина великих лет, Старуха, сидит одна за большим обеденным столом, покрытым клеёнкой. Стул пластмассовый, и сидеть на нём прохладно. Поэтому прежде, чем сесть, она всякий раз забирает с соседнего стула сидушку и ставит её себе под спину. Аккуратно сложила после еды посуду – кружку в тарелку, приборы рядом, сбоку – и задумчиво глядит в окно кухни, рассеянно поглаживая рукой кожу на щеке… на подбородке…

В кухню стремительно входит женщина немного за семьдесят, в руках у неё – наручные часы:

– Мам, вот, ты хотела, давай наденем…

Как всегда, через паузу – не сразу Старуха понимает, о чём речь – то ли она протягивает руку навстречу дочери, то ли эта торопыга сама порывисто приближает тонкую руку к себе.

– А кто их привёз? Нашли всё-таки!..

– Я нашла, мам, … всё нормально...

– Ну наконец-то!.. Просишь вас, просишь…

Дочь не комментирует. Прилаживает браслет на худое сморщенное запястье. Рука не поворачивается, не даётся. Неудобно.

И вдруг Старуха не говорит – подаёт реплику, как в Малом театре:

– А кольца, кольца не нашли, что ли… Два?..

На лице дочери молчаливый, но очень большой вопрос. Старуха поясняет:

– Какие? Красивые, золотые…

И чертит другой рукой по фалангам среднего и безымянного. Пальцы кривые вдрызг. Колец на них десятилетиями не было никаких. И вдруг – целых два?..

– Ладно, ладно… – С часами покончили, и старуха быстро переключается. – Вот, глянь сюда, – кивает на окно, выходящее на стену соседского дома, через забор. В окне виднеются ветви яблонь и немного ствола березы с плакучими руками. – Тихо совсем, совсем, ни один листик не колыхнётся… Я смотрю, смотрю, долго… За окном навсегда тишина… Всегда, всегда…

– Да нет, мам, бывает, что и шумит твоя тишина…

– Шумит? Тишина? Это вы тут шумите, шумите, сразу по двое говорите, сразу… не могу ничего разобрать…

– Ну, мы же не тебе говорим… – оправдывается.

– А я должна понять! – это у Старухи выходит резко. – Я пытаюсь услышать, понять… Ходят толпы людей, знакомых… Я знаю, что они мне знакомы…

– Мам, это внучка твоя, и правнуки… Мама, – останавливается, присаживается на стул напротив. Дочь часто глядит на мать с жадностью, – запомнить, впитать, успеть… Вот и сейчас так поглядела. Та смотрит мимо, туда, в ветви…

Вдруг встряхивается:

– А зачем ты мне сообщила, что этот фильм новый? Да какой же он новый! Я его смотрела, и давно смотрела… Врёте всё… Зачем врёте!?

– Мама-мама, – вчера предложили Старухе посмотреть по телевизору всероссийскую кинопремьеру.

– Я бы всем вам могла показать!.. – грозится вполне всерьёз.

И вдруг в один момент Старуха устала. Прикрыла глаза.

Все вроде ушли. Заметила, что и люди на даче – все куда-то испарились. Кроме домочадцев. Они не в счёт.

– Какая тишина! Такая тишина, что как будто шумит…

Задрёмывает. Буквально через несколько минут очнулась, огляделась непонимающе… Вернулась в реальность:

– Надо же, опять жива!..

* * *

Старуха никак не могла помереть. Каждое утро просыпалась и удивлялась: «Надо же, опять жива!» Просыпалась с каждым днём всё труднее и неохотнее. Всё непонятнее становилась граница сна и яви. То ли во сне ходили и бегали-кричали незнакомые дети, а может, наяву деловито суетилась взрослая женщина, среднего роста, средних лет. Эта всегда при деле: то стирает, то метёт, то моет. Знала Старуха только одну из них, постарше, Наталью. Эта с ней всегда. Дочь.

Вечерами старуха подолгу лежала, глядя во тьму непонимающими глазами, бормотала что-то несвязное. Часто просыпалась от позывов, ковыляла с клюкой в туалет.

Кухня стояла отдельно от дома, и, когда её звали поесть, Старуха добиралась туда сама. Днём, к позднему завтраку, – из дома с высоким крыльцом. Вечером – из садовой качалки, где дремала всё остающееся от еды и ночного пребывания в кровати время. Каждое утро на качалку выносили из душа старые подушки, а с заходом солнца – успеть до вечерней сырости! – убирали.

Ещё сама справлялась с едой, которую ей клали на тарелку. Часто интересовалась, что это перед ней. Ни блюд, ни продуктов почти не различала. Из вкусов остались сладкий и солёный. Сама справлялась с туалетными делами и переодеванием. Закидывала ноги через бортик ванны – когда мыться.

* * *

Эта Старуха была из великих. Сильных духом. Крепких невероятно. Верующие говорят – Бог должен призвать, забрать к себе. Во всё вот это вот она не верила. На самом деле, она просто не знала, куда уходить, и потому цепко держалась за жизнь. За жизнь после жизни.

В фильме «Сибириада» с Вечным дедом так говорили:

– Здорово, дед. Всё ещё живёшь, не помер?

– Умирает не старый, а поспелый. А я, видать, не поспел ещё…

* * *

Здесь, на дачном участке, всё построила и создала она, Старуха. В упадок сад привели другие, эти суетящиеся и бегающие-кричащие. Огород извели. Кое-Где остался запущенный газон, но больше одуванчики, сныть да крапива, – правда, всё регулярно косили.

Она выстроила первый дом в начале 80-х. Сруб пять на пять, летняя веранда, терраса. Печку кирпичную поставила – кажется, против правил. Разбила сад-огород. Десять плодовых деревьев, кусты, теплица, клубника, цветы... Пристроила к старому дому такую же площадь в 2007, когда родилась правнучка. Оба в два этажа. Тёплая кухня, тёплый душ.

Никто никогда ни в чём не помогал. Не поддерживал. Всё сама. Ну и ладно! Уж как она эту дачу любила, нет слов! Участки от работы стали очень вовремя распределять, ей было немного за пятьдесят. Захотелось трудиться на земле. Любила в лес по грибы-ягоды. Очень любила купаться. Пешком можно было добраться только до торфяного озера-бочага. И его полюбила всей своей неэмоциональной душой. Так хорошо было в Подосинках, что никуда с тех пор на лето она, педагог, в свой длительный отпуск не ездила. Не надо! Только здесь. Объясняла подраставшей внучке, что главное – просидеть здесь как можно больше дней (на счёт) безвыездно. Тем полноценнее отдых. Это муж никак не мог долго усидеть на месте. Всё мотался то в местную столицу, райцентр, то в Москву. Старуха писала мужу обстоятельные списки на нескольких страницах – что нужно найти и привезти из московской квартиры.

Мобильных телефонов тогда ещё не было. При особой надобности ездили в райцентр и звонили в город с почты. Но это совсем редко. Муж постепенно привык, стал на участке помогать, что-то у других подсматривал, что-то сам придумывал, как благоустроить. Соорудил гараж, душ, себе – мастерскую посреди участка, – назвал «ярангой». Округлая палатка была, разумеется, не шкурами оленьими покрыта, – плотной тканью. Красил всё подряд. Особенно в красный и жёлтый. Когда приехали в этом году на дачу, оказалось, что старухину клюку из города не взяли. И тогда нашёлся тут жёлто-красный деревянный дрын, творение покойного мужа, прошлого тысячелетия ещё, ну то есть, века.

Стук-постук раздаётся – пробирается куда-то Старуха. Медленно, с трудом, так всё теперь тяжело, почти невозможно – шаги, движения, усвоение пищи. Как доберётся – долго отдыхивается, прикрыв глаза. И во время еды глаза закрываются. Тело всё кривое, перекошенное, слушается плохо. Не говоря уже о голове.

Поневоле задумаешься – а смысл? Какой смысл в этом мучительном длении существования?

Капризы и приступы злобы сменяются рассыпанием в благодарностях всем, кого видит. По поводу и без повода. Впопад-невпопад. Наконец-то ничего у неё не болит. Ещё недавно многое мучило: и давление, и боли в ногах, и пищеварение. Это когда ещё продолжала работать, и тело должно было служить верой и правдой. А оно уже, видимо, не могло. Сработалось. А теперь все жалобы стихли.

На какое-то время подумалось с надеждой – вот оно зачем! Наконец-то человек обрёл покой и благость, и всё у него светло и светло. Но нет, опять вдруг претензии, злоба, капризы и бредовые заходы спутанного сознания, где прошлое слиплось с тем, чего никогда не было. С какими-то сюжетами из кино и книг...

* * *

Муж – ну да, уже немного понятно. Спутник жизни, родственник, но – непонимающий. И потому особой ценности не представляющий. Ею, Старухой, тогда ещё не Старухой, этой ценности лишённый. Обесцененный.

Однажды, уже замужняя и с детьми, она полюбила одного человека, коллегу по институту.

Сердце в клетке. Сердце возлюбленного в клетке обстоятельств и долга не было. Билось на воле, но совсем рядом с её клеткой.

В то время на их общей институтской кафедре Принц получил разнос – за то, что в стенгазете «вольно» обошёлся с цитатой из Луначарского. Его начали трепать, и затухший было туберкулёзный процесс ожил снова.

И вот – младшую дочку грудью впрок накормленную мужу в руки – и в госпиталь, куда-то в Сокольники, на встречу с к захворавшим коллегой. Телефона не было – Принц присылал открытки, когда сможет прийти на «свидание».

Не очень молодой не очень здорового вида мужчина сидит нога на ногу в больничной пижаме, сверху что-то накинуто (здесь, – ну конечно! – вспоминается насильно прооперированный Хоботов из

«Покровских ворот», со своей «фланелькой»), и рядом с ним женщина – беспокойная, внутренне встрёпанная молодая мать. Забавная, вероятно, со стороны выходила картина.

Обсуждали возможные последствия разноса. Но не только. Лучшие минуты жизни на осенней лавочке в больничном парке. Разговоры, несказанное, опасные сладкие мечты. Литературный сюжет твоей жизни.

На расстоянии тот человек представлялся идеальным. Интеллигентный, влюблённый. Теперь Старухе казалось, что роман с ним был настоящий, очень красивый. Хотелось – так.

Всё звал-звал её Принц на волю, уговаривал, что чувства её свободны и всегда принадлежат только ей. При этом звал в отношения. Бросить мужа, строить с ним. Не смогла. Вернее, никто ни на что серьёзное так и не решился. Ни мужчина, ни женщина.

Уже на старости лет Старуха вдруг вынула этот эпизод из закромов длинной и неверной путаной памяти. Придала этому Принцу ну невероятное какое-то значение. Вот он был – даа! Письма ей писал, почтой отсылал. Его письма у неё сохранились. Перечитывала. Удавалась вычитать то, чего просила душа. Сердце, так и не выпущенное из клетки. Никогда.

Невозможность выразить чувства. Три самых главных слова. Всю жизнь, почти сто лет.

* * *

Просветы между мраком. В чертогах угасающего разума. Смысл. Только бы понять, нащупать смысл... А сердцу и в клетке нужен простор. Чтобы как следует делать то, что для жизни человеческой требуется. Как можно чаще надо плечи отводить назад. И голову повыше. И взгляд пояснее. Главное, чтобы дышалось. Но старики наоборот ходят, сильно согнувшись, наклонившись вперёд – поэтому нужна палка-клюка. Так теперь ходила Старуха. И подкашливала постоянно. Дышала тяжело, передвигалась с трудом. Очень медленно. Где есть стены – опираясь на стену.

Ела-ела, но вес не набирался уже давно. Потрясала руками перед носом внучки: «Видишь, какие тонкие у меня руки? Мне надо мясо есть, чтобы наросло...» Не нарастало. Но она всё равно ела. Когда перестали в доме варить мясной бульон, в любой суп кидала кусок сливочного масла. На второе – неизменное мясо…

Ноги её были нездоровы давно. Жизнь длинная. Одна щиколотка намного толще другой. Врачи отмахивались: «Возраст-то какой у Вас!..» Но Старуха не сдавалась: «Ноги мои одного возраста, но одна пухнет и болит, а другая отчего-то – нет...». Вся стопа была деформирована. Хозяйка ног утверждала, что это от ношения каблуков в молодые годы. Пальцы на ногах жили какой-то своей невообразимой жизнью. Ортопедические приспособления старого поколения помогали, но не сильно.

Руки. Много труда досталось этим рукам. Пальцы изогнулись в суставах, все четыре на каждой руке как будто в одну сторону.

Глаза. У неё всегда был запоминающийся взгляд, испытующий и уже заранее критиканский, не доверяющий. Пронзительный. Пронизывающий. Обесценивающий. Жёсткий. Именно глаза первыми рассказали о том, что случилось со Старухой. Что утекла память, что спутались лица, судьбы, все жизненные принципы, – всё необходимое, неотменимое, всё то, что во что бы то ни стало… Не безумие, нет. Но ослабление – ума, памяти, смыслов, – всего, чем Старуха жила-была, чем держалась за жизнь, как за землю…

* * *

Была в жизни Старухи радость. И много в её жизни было горя. Младший сын её был болен. Душевной болезнью. Это была странная болезнь. Необычным было её течение. После обострения – с пребыванием в больнице, с долгим подбором лекарств и в конце концов электрошоками – наступала ремиссия. И мужчина работал, занимался своими детьми (с женой был в разводе), строил отношения с надёжной женщиной, ходил в кино, спортзал и в концерт, – жил полноценной жизнью. Но почти каждую весну уходил в депрессию, а осенью – в маниакал. Много лет это повторялось, по кругу. Мать привыкла. Справлялась. Если есть схема поведения, значит, просто надо по ней действовать. А муж её, отец Николая, переживал каждое обострение тяжело.

И вот однажды вечером муж засиделся у знаменитого соседа, с которым дружил много лет, выпили. Может, лишнего. И с утра мужа разбил инсульт. Она сразу поняла – что-то случилось. Он пришёл с прогулки с собакой, спросила: как там погода? А он рот открывает, а сказать не может. И правая часть лица кривится. Скорая приехала быстро, на лифте мужа спускали сидящим на стуле. Физически он довольно скоро восстановился. Но была полностью потеряна речь. И путалось сознание. Пытался помогать жене по хозяйству, выходило неважно. Однажды вместе с наволочкой замочил в тазу и подушку. Суп пытался есть вилкой. Или ножом.

Каждый раз, когда навещал кто-то, кого он ещё не видел после больницы, муж начинал плакать. Встречал всех непривычно для него тепло. И всё рвался-рвался на автостоянку, к своей машине, в свою прошлую жизнь. Жена не пускала, потому что он отчего-то совсем забыл о том, для чего нужны светофоры, и что их надо слушаться. Он рвался. И она сменила замок, чтобы он не мог открыть дверь изнутри. Надо было заниматься с логопедом, но у него не хватало терпения. Не в его это было характере. К нему приходили и дочь, и выздоровевший сын, и внуки. Однажды в апреле он попросил кого-то из них побрить его: одна рука совсем не слушалась. А через день жена на кухне скворчала котлетами. И когда они приготовились, стала звать мужа обедать. Он не откликался. Она искала долго, исступлённо. По шкафам. Под кроватью. Зачем-то. Кричала долго, хотя квартира была небольшая, и всё здесь, на виду. Не спрячешься.

Он надел куртку, открыл окно и шагнул с седьмого этажа. Когда уже обежала вокруг дома, когда (не сразу) нашла его лежащим под домом, когда кто-то вызвал скорую, и его увезли, она думала о переломе основания шеи – травме, несовместимой с жизнью. Так сказал доктор. Вспоминала близорукие глаза мужа, которые врачу всё никак не удавалось закрыть. Очки с толстыми стёклами, в роговой оправе валялись рядом, в жухлой прошлогодней траве. Куртка была расстёгнута, и она подумала, что ему холодно лежать на апрельской непрогретой земле. А ещё о том, что – цветы. Все подоконники у неё уставлены цветами. И как она сразу не поняла про окно? Он ведь убрал цветы с подоконника, кое-как запихнул под свой письменный стол...

Он не хотел и не мог. Он не говорил, поэтому его не понимали, он достаточно ясно просил открыть дверь – не исполняли, долго объясняли, почему нельзя. Что значит, нельзя??!!! Ему было нужно выйти, но он не мог даже замка открыть в собственной квартире. Не было ключа. Нигде не мог найти ключ. Не мог сам читать, и ему читали вслух, как маленькому. Внучка стала звать его «декой». Патологоанатом в морге был благодарен родственникам, что дедка побрили. Ему меньше забот...

И думала старуха, тогда 70-летняя женщина: ну как он мог? Предал её, заставил это пережить... Что должна она говорить людям о покойном муже – как он ушёл из жизни?..

Столько долгих и разных лет прожито вместе. Ещё много месяцев потом она будет идти домой и думать: сейчас расскажу мужу. И только потом – спохватываться и понимать: больше рассказывать некому…И всё-таки она была ему благодарна (хоть и неловко в этом признаваться). Ей надоело ходить за ним, как за младенцем. У неё не было сил сопротивляться его нежеланию заниматься с логопедом. Она очень устала не пускать его из дому. Она была очень занята на своей педагогической работе, и гулять с ним на стоянку каждый день никак не могла. А он не мог успокоиться – всё рвался.

Ей было неловко, что она в свою очередь рвалась на работу, к студентам, и там отдыхала. А проводить время с этим нелепым безмолвным человеком, который стал ей словно чужой…

В марте она сказала дочери, что долго так не выдержит. Муж благородно и великодушно освободил её от всего этого разом. В день похорон она сказала родственникам, что на самом деле потеряла мужа в день, когда у него случился инсульт. И это во многом было правдой. На следующий день после его гибели старуха с утра отправилась в бассейн.

* * *

Когда же ушёл из жизни сильно постаревший Принц (общение поддерживалось – он звонил ей по государственным праздникам, о чём-то рассказывал), Старуха горевала необыкновенно. Достала те самые письма, с которыми до тех пор не знала, что делать. Но, конечно, хранила.

Позвонила дочери. Ей нужно было поговорить с кем-то, кто знал его. Кто должен был её, Старуху, понять. Так ей казалось.

Дочь долго потом недоумевала. Странный человек, так в жизни и не реализовавшийся, ни в творчестве, ни в судьбе. Слабак. Спасающийся уговорами о том, какие трудные времена, как сложно пробиться таланту. И – конечно, о том, каковы женщины. Сколько от них зла и сколько в них коварства!..

Сначала жил с однокурсницей, родившей ему дочь. Потом, когда дело с искажением цитаты из Луначарского утряслось и здоровье поправилось, женился на женщине с квартирой и до конца дней жил ухоженный, сытый, без упрёков и претензий к нему безденежному.

Если честно – выходит, не то чтобы хороший человек был. Так, просто обыкновенный.

Но такова уж сила натуры женщины недолюбившей, недополучившей в жизни чувств, переживаний, откровений и потрясений, – Старуха назначила его Принцем. И очень в это поверила.

Дочери даже пришлось отговаривать её от идеи издать его «дивные» письма отдельной «книжечкой». Ничего дивного в этих письмах не было.

Дочь объясняла себе, утешала: «Ну что ж? Таков итог…»

* * *

Так никогда и не найденные кольца – и откуда бы им взяться? – вдруг представились двумя обручальными кольцами на одной руке. Если бы их можно было надеть на безымянный и рядом, на средний…

– А кольца, кольца не нашли, что ли… два?..
Не нашли.
Поздний обед был довольно обильным. Старуха устала. Глаза прикрываются сами собой.
– А какой нынче день?
– Суббота, мам…
– Ну ты подумай, уже суббота!..

* * *

– Надо же, опять жива!..

Татьяна ОКОМЕНЮК. *Дурачок*

Санька Курехин по прозвищу Дурачок жил в Черноморске у бабушки Веры Васильевны с пяти лет. Как только окончательно выяснилось, что с ребенком «что-то не так», родители депортировали его из Хабаровска в Крым, на родину матери. Мотивировали свое решение заботой о больном сыне, который при плохой экологии и резко-континентальном климате «вообще загнется». А Черное море с насыщенным ионами йода и брома воздухом, горячим песком, лечебными грязями, большим количеством солнечных дней, изобилием местных фруктов и овощей – самое то, что нужно для выздоровления ослабленного дитяти. Мол, курорт «и не таких исцеляет».

И Вера Васильевна, и ее дочь с зятем прекрасно понимали, что «таких» не исцелит никакой курорт. Что Санька навеки «задержится в детстве», поскольку из-за внутриутробной гипоксии у него развилась дисфункция головного мозга. А это – нарушение мышления и кратковременной памяти, повышенная тревожность, неспособность сосредоточиться, резкие перепады настроения, отставание от одногодков в социальном взаимодействии, а значит – долгие годы тяжелого кропотливого родительского труда безо всякой надежды на выздоровление отпрыска. Сколько ни колотись, сколько ни вбухивай денег в эту «черную дыру», а избавление от интеллектуальной инвалидности невозможно – поврежденные нейроны мозга не способны регенерироваться ни при каком климате.

Вера Васильевна несколько раз прилетала в гости к внуку и видела, что его все обижают. Дочь без конца жаловалась на Саньку: «У него – скверный характер: не слушается, ленится, упрямится. Ничему не хочет учиться. На замечания реагирует агрессивно, часто замыкается в себе. Воспитательницы в детсаду называют его «двигательно-беспокойным», а за глаза – дурачком. Может, его отправить в специализированное заведение?».

Вторая бабка вообще глаз ему не казала – стеснялась внука. «У нас в роду были всякие, но дурачков никогда не было», – раздраженно бросила она Вере Васильевне при встрече, как будто та была виновата в том, что Санька родился обмотанным пуповиной.

Зять, большой начальник в речном торговом порту, старался вообще не замечать «бракованного» сына. Он нигде с ним не появлялся, на семейные вылазки его не брал, во время праздников и торжеств с гостями прятал наследника в доме матери.

«Загубят пацана, ироды, – смахнула слезу баба Вера, гладя по голове льнущего к ней внука. – Они правы: со мной ему будет лучше».

Курехины аж подпрыгивали от радости, собирая в дорогу

чемодан сына. Помахали ему на прощание и тут же забыли о его существовании. Нет, деньги на содержание отпрыска они присылали исправно. Хорошие деньги. Но сами в Черноморск не приезжали и в гости к себе Саньку ни разу не позвали. Не до него им было – у них родилась дочка. Нормальная. Гордость семьи. На вопрос бабы Веры: «Не пора ли детям познакомиться?» раздраженно фыркали: «Еще не время. У Маришки – очень ранимая психика. Санька может ее напугать». А то, что при живых родителях мальчик растет, как сирота, их совсем не волновало. Откупились – и зажили новой жизнью, как будто сына у них никогда и не было.

Вера Васильевна много делала для того, чтобы болезнь внука хотя бы не прогрессировала. Она читала ему детские книжки, показывала мультфильмы, много с ним беседовала, играла в лото, строила из кубиков конструкции, вырабатывала у Саньки навыки самообслуживания и выполнения несложных заданий. Женщина постоянно была на связи с медиками, знахарями и остеопатами, давала мальчику препараты, улучшающие кровоснабжение головного мозга, стимулирующие и укрепляющие нервную систему, регулярно делала ему ножные горячие ванны, массировала спину, готовила смеси из тертой моркови, лимона, меда и чеснока.

Санька безропотно принимал лекарства и мужественно переносил все процедуры, потому что хотел быть похожим на своего любимого литературного героя Дядю Степу-милиционера. Внешне он немного смахивал на своего кумира – худой, длинный, с высоким выпуклым лбом, белесыми ресницами и большими ярко-голубыми глазами, разделенными широкой переносицей.

Мальчик был деятельным, активным и подвижным, как ртуть. Мог без жалоб пройти несколько километров и без проблем вскарабкаться на известняковую скалу. Спал он немного, просыпался рано, что не мешало ему чувствовать себя отдохнувшим.

Парень нормально говорил, абсолютно все понимал, самостоятельно ходил в магазин и помогал по хозяйству бабе Вере, а вот со школой у него не заладилось, даром, что класс был специальный – коррекционный. Учительница была им недовольна: программу не усваивает, на замечания не реагирует, с одноклассниками не общается, высидеть двадцатиминутный урок не может – поднимается и без разрешения идет гулять – пойди, проследи, куда он направился и что сейчас делает. Не бросать же ради него остальных учеников! Пришлось Саньке перейти на домашнее обучение.

Внешне он отличался от своих сверстников лишь удивленно взирающими на мир расширенными зрачками, а в остальном – обычный пацан: улыбчивый, аккуратно подстриженный, хорошо одетый. Вот только очень странный. С ровесниками он не якшался, дружил только с бабулей да ее соседом дядей Мишей, работавшим спасателем на местном пляже. Именно дядя Миша научил парня кататься на велосипеде, лазить по горам и причудливым гротам, ремонтировать технику, ловить рыбу, играть в «подкидного дурачка».

Черноморцы, знающие Саньку с детства, его не обижали – он был местной достопримечательностью, а вот курортники буквально сворачивали шеи, когда видели проезжающего мимо них подростка на велосипеде с прицепом, напоминающим цыганскую кибитку из кинофильма о Будулае. Последнюю он построил вместе с дядей Мишей. Бабуля, правда, тоже поучаствовала, пошив для «домика» внука кошемный покров из непромокаемой ткани.

Не меньше, чем кибитке, отдыхающие удивлялись и юному регулировщику, стоящему на оживленном городском перекрестке с полосатым жезлом в руке, красной повязкой на предплечье и оранжевом мотоциклетном шлеме на голове. Выгоревшую на солнце повязку с надписью «дежурный» и треснутый пополам шлем Санька нашел на помойке, а жезл ему помог изготовить все тот же дядя Миша, у которого не было ни детей, ни внуков, а времени свободного – хоть ведром черпай. Вот он, смоливший в выходной свою старую лодку, и нанес черные полоски на светлую палочку соседа. С этих самых пор Санька стал всем представляться Дядей Степой-регулировщиком.

Вскоре в дом Веры Васильевны пожаловал настоящий Дядя Степа – местный участковый Степан Макеев. Он отругал женщину за «недолжный контроль за слабовменяемым внуком».

– Держите своего дурачка дома, если не хотите, чтобы его у вас изъяли и отправили в дом инвалидов, – стучал он пудовым кулаком по столешнице. – Ишь чего удумал, негодник, – подвергать опасности свою и чужие жизни. А если какой-нибудь идиот, и в самом деле, свернет туда, куда показывает ваш невменько своей полосатой дубинкой?

Санька проплакал весь день – жаль было сломанного бабулей жезла и выброшенного в мусорный контейнер шлема. «Хорошо хоть повязку успел спрятать в трусы, – проворчал он себе под нос. – Я все равно буду приносить людям пользу».

– Вот и приноси! – бросила через плечо баба Вера, разобравшая последнюю реплику внука. – Можно мусор на пляже убирать, можно пляжникам продавать мои пончики и кукурузу или вон Михаилу помогать на его спасательной станции. Не все же в компьютер пялиться на этот твой… «Свинячий патруль».

– Щенячий! – обиженно поправил бабку Санька. – Это же – настоящие спасатели! У них, знаешь, какой девиз? Отважным щенкам – все по зубам!

– Теперь знаю, – тяжело вздохнула Вера Васильевна. – В нашем случае, щенки, конечно, меньшее зло, чем Дядя Степа или капитан Врунгель. Я видела, они в одной серии чистили от мусора прибрежную полосу.

В этот же вечер Санька явился на пляж с большим полиэтиленовым мешком и длинной палкой-хваталкой. Он стал собирать в песке фантики, сигаретные пачки, огрызки, банановую и арбузную кожуру, баночки от колы и пива. Наклоняться ему было не нужно: увидел мусор, нажал на рычажок – и захват осуществлен. Парню даже понравилась работа уборщика, но он не учел, что именно в это, вечернее, время сюда десантируются голодные чайки, высматривающие на песке что-нибудь съедобное. Птицы по-хозяйски расхаживают по пляжу, не обращая ни малейшего внимания на задержавшихся у моря курортников, если, конечно, у тех в руках нет чего-нибудь вкусненького. В этом случае, крылатые грабители не стесняются подлететь к жующему человеку, вцепиться клювом в кусок его пиццы, чурчхелы или пахлавы и под возмущенные крики потерпевшего убраться со своей добычей подальше.

Надо ли говорить, что появившегося на пляже Саньку чайки приняли за конкурента и стали кружить над ним, не позволяя забросить в мешок очередную находку. Их визгливые крики, острые когти и мощные крючковатые клювы вызвали у юноши панический ужас. Теряя шлепанцы, он понесся домой впереди собственного визга.

Санька всегда был очень трусливым ребенком. Перешагнув свое совершеннолетие, он остался таким же. Парень боялся не только чаек, он испытывал ужас перед дронами, сколопендрами, медузами…

С первыми двумя страхами ему удалось справиться с помощью бабы Веры. Посоветовавшись с психиатрами, та решила лечить внука методом «от противного»: боится самолетов – надо летать, страшится моря – заставлять плавать, испытывает ужас перед дронами – купить ему дрон. И купила. Вскоре Санька перестал от него шарахаться и даже полюбил своего летающего робота. Юноша выходил с ним на улицу, запускал аппарат и внимательно следил за его полетом, пока однажды тот не улетел в сторону соленых озер с лечебной грязью. Жаль, конечно, вещь недешевая, но со своей задачей она уже справилась – при появлении дрона над головой Курехин-младший перестал прятаться и орать, что тот за ним следит.

Со сколопендрами вышло немного сложнее. Их баба Вера сама боялась. Это – очень противные членистоногие с твердым панцирем, конечности которых заканчиваются ядовитыми шипами. Они очень быстро бегают и если пронесутся по человеку, оставляют на коже ожоги. И вот одну из таких сколопендр женщина обнаружила на полу в коридоре. Огромную, длиной около двадцати сантиметров. Пыталась раздавить ее ногой – не вышло. Тогда она взяла камень и колотила им по спине незваной гостьи до тех пор, пока не убила. Не успела Вера Васильевна убрать ее тушку, как в коридор заскочил

Санька. Увидев на полу труп микро-монстра, затрясся от страха так, что аж обмочился. Пришлось скормить ему две таблетки феназепама и спровоцировать приступ. Два дня пацану было плохо, а на третий он поймал у крыльца такую же сколопендру и сам пристукнул ее камнем. После этого случая страх перед членистоногими у него как рукой сняло. Он принял, наконец, тот факт, что они живут рядом и никуда от них ни деться.

Но с самым главным ужасом Курехина ни Вера Васильевна, ни дядя Миша справиться не смогли. В пятилетнем возрасте Саньку, зашедшего по пояс в море, ужалила медуза. С диким ревом он выскочил на берег и с тех пор ни разу за тринадцать лет в нем не искупался. Что только баба Вера с ним ни делала, как ни заманивала в морскую пучину – нет и все. Санька рассматривал большую воду, как источник опасности и до сих пор ходил по пляжу в детском надувном круге, ловя на себе удивленные взгляды курортников и слыша их обидные реплики: «Гля, дрыщ совсем колпаком поехал!», «Дебил или косит под вальтанутого?», «Да это – местный дурачок Санька, он безобидный»…

По этой причине продавать пончики и вареную кукурузу парень не захотел. Он боялся пляжников, стеснялся рекламировать свой товар да и жару переносил плохо. Все черноморцы уже с мая месяца были покрыты ровным бронзовым загаром, и только «бледнолицый» Санька все лето ходил с облупившимися носом, плечами и спиной – не любило его солнышко.

Из всех предложенных бабулей вариантов остался только один – помогать дяде Мише на спасательной станции, но как можно быть помощником спасателя, если ты боишься войти в море даже по колено? Три дня парень провел в раздумьях. Сидеть дома ему было скучно. Неугомонная натура и внутреннее стремление быть полезным людям толкали его к новому виду общественно-полезной деятельности. Опять же, его кумиры-щенки были спасателями, так, может, и у него получится…

Санька проснулся с первыми лучами солнца, умылся, натянул на левую руку выгоревшую на солнце красную повязку. С трудом протиснулся в детский надувной круг, подаренный ему бабулей десять лет назад. Набросил на себя просторную белую майку с номером «6» на спине, и та, обтянув круг, стала похожа на балетную пачку, а сам парень, в белых плавках, с длинными голыми ногами – на балерину. Хотя нет – скорее, на одного из мужиков-юмористов, изображающих балерину в пародии на «Танец маленьких лебедей».

В таком виде юноша явился во двор к дяде Мише. Убедившись, что его шлем, который он вытащил из мусорного контейнера и спрятал под лодку соседа, – на месте, пошел будить своего будущего начальника. Тот спал на раскладушке в летнем домике, поскольку с мая по сентябрь сдавал жилплощадь курортникам.

— Ядрена Матрена! — всплеснул мужчина руками, увидев парня в костюме балерины. — У вас что-то случилось? С Васильевной все в порядке?

— Я, дядь Миш, буду вашим ассистентом, — сообщил ему Курехин с очень серьезным видом. — Мне бабуля разрешила помогать вам спасать людей.

Вздохнув с облегчением, тот похлопал Саньку по плечу.

— Чтобы стать спасателем, нужно уметь нырять, прыгать с вышки в воду, плавать на длинную дистанцию. Какой из тебя спасатель, если ты воды боишься?

Санька молчал. Из его глаз текли слезы разочарования. Он очень хотел быть таким, как командир отряда поисково-спасательных щенков Зик Райдер, или хотя бы, как виндсерфер лабрадор Зума. На крайний случай, — как горный спасатель хаски Эверест. А тут такой облом…

— Разве что, ты сумеешь побороть свой страх, — продолжил после паузы дядя Миша, — будешь смело заходить в воду, научишься плавать и перестанешь шарахаться от медуз.

— Я все сделаю для того, чтобы стать спасателем! — пообещал Курехин соседу. — Клянусь своей кибиткой!

— Тогда с сегодняшнего дня ты — на практике.

Санька от радости запрыгал на месте.

— Горю начать! Всегда готов к ав-ав работе! — выкрикнул он один из девизов «Щенячьего патруля».

— Только вид у тебя больно стремный для спасателя, — заметил мужчина. — Вместо круга я тебе выдам оранжевый спасательный жилет. Совсем, как у твоего щенка… эээ…

— Зумы! — радостно подсказал парень.

— А, вместо повязки, подарю тебе настоящий свисток спасателя. Снимай с руки эту тряпку.

— А зачем мне свисток?

— Будешь свистом акул распугивать!

При слове «акул» у Саньки началась нервная икота.

— Да пошутил я! — испугался дядя Миша реакции трусишки. — Свистком спасатель дает команду о прекращении купания и выходе из воды на берег.

Пока сосед умывался и чистил зубы, Санька спрятал под его перевернутую лодку свои круг и повязку и уже пританцовывал в нетерпении начать свой первый рабочий день.

По приходу на станцию они развесили круги, расставили флажки, отстегнули спасательную лодку и зашли в свою будку. Пока Санька открывал ставни и надевал подаренный ему оранжевый жилет, дядя Миша достал бинокль и отметил в журнале время начала смены.

Народу утром было совсем немного. Вода, пахнущая тиной и мидиями, еще не прогрелась, и купальщиков можно было пересчитать по пальцам одной руки.

— До одиннадцати можно смело курить бамбук, — сообщил дядя Миша практиканту. — Садись в лодку, сплаваем вооон туда, поправим буйки. Заодно попрактикуешься в гребле.

Санька мигом запрыгнул в плавсредство, которое с опасностью никак не соотносил — считал, что если, в данный момент, под ногами твердо, значит, все — в полном порядке. Он с раннего детства плавал с соседом на рыбалку. Тот научил его грести передним и задним ходом, делать протяжку и разрезной поворот, огибать препятствия, но при этом был бессилен в своих попытках научить парня плавать. Однажды, у самого берега, он «нечаянно» столкнул Саньку в воду, рассчитывая, что инстинкт выживания заставит того работать руками и ногами, но он ошибся — пацан наглотался воды, пережил паническую атаку, стал заикаться.

Вера Васильевна кинулась по бабкам-знахаркам и с трудом выходила внука, окончательно смирившись с его фобией. Она купила Саньке большой надувной бассейн, установила его в саду, под деревьями черевишни и японской мушмулы, и парень не выкисал оттуда все лето, продолжая игнорировать море, находящееся в пяти минутах ленивой ходьбы от их дома.

По этой причине дядя Миша был уверен: идея стать помощником спасателя — блажь-однодневка: уже завтра-послезавтра Курехин найдет себе другое занятие, но он ошибся. Каждое утро, в спасательном жилете и со свистком на груди, тот заходил за ним, и они отправлялись на службу.

По громкоговорителю, который Санька называл щенофоном, мужчина регулярно инструктировал курортников:

— Не входите в море в состоянии алкогольного опьянения;

— не находитесь в воде более двадцати минут — могут возникнуть судороги;

— не подплывайте к причалам и пристаням ближе, чем на тридцать метров;

— не оставляйте детей без присмотра. Пока вы делитесь в социальных сетях свежими селфи, ваш ребенок может не только потеряться, но и утонуть;

— купаясь, придерживайтесь зоны между флагами, за которой наблюдает спасатель.

В этот момент Саньку распирала безмерная гордость, ведь это он сейчас сидел под зонтиком на наблюдательной вышке. Это он пристально следил в бинокль за поведением купающихся. Это его дядя Миша назвал сейчас спасателем.

Наблюдать за пляжем в бинокль было чрезвычайно интересно. «Вон, в просвете между раскрытыми зонтами, под палящими лучами солнца плавятся почти голые девушки – лифчиков на них нет, вместо трусов – узенькие шнурочки в попках. И как им только не стыдно?

А вон, обжигая ступни о раскаленный песок, бежит мальчик лет пяти с мороженым в руках. Упал, испачкал эскимо, плачет. В двух шагах от него группка детей фотографируется вместе с гигантской Пандой – как же ей, наверное, жарко в ее шубке при температуре +32.

А вон, прямо у кромки воды, растянулась чья-то собачка. Кажется, она спит. Ее обдувает легкий освежающий ветерок, обмывает язычками пены теплая волна, убаюкивает шум моря. А там, за флажками, по берегу медленно бредут ослик и прогулочный пони. На ослике сидит девочка лет трех, на пони – мальчик постарше. Интересно, меня бы этот пони выдержал?

А на воде – все еще интереснее. Там люди катаются на плюшке, на банане, на водном парашюте и просто плавают без ничего. И совсем не двадцать минут, как велел им дядя Миша. Надо выгнать их из воды свистком», – и Санька изо всех сил засвистел.

– Ты чего это расшумелся? – выскочил из будки дядя Миша. – Тонет кто-то?

– Нет, они правила нарушают, сидят в воде уже больше двадцати минут. Пусть выходят, а то их судороги схватят.

– Не волнуйся! Вода уже прогрелась до +25 – ничего с ними не случится. Иди лучше купи себе мороженое. Вот деньги – заслужил.

И так – почти каждый день. Раз – до обеда, раз – после, потом – выходной. За месяц работы дяде Мише с Санькой так и не пришлось никого спасать. Зато парень научился мастерски вязать морские узлы и метко бросать спасательный круг.

А потом погода испортилась. Вначале Санька заметил в бинокль только узкую темную полоску, которая медленно приближалась к берегу. Вот она обогнула буй, торчащий из воды, как голова Лох-Несского чудовища, и подошла совсем близко к их наблюдательной вышке. Поднявшийся ветер начал сносить с голов отдыхающих панамы и неукротимо гнать волны. Ударяясь в берег, те шипели и выбрасывали свои белые языки на пока еще сухой песок. Потом с неба стали падать темные дождевые капли. Пляжников с песка, будто взрывной волной смыло – все помчались в укрытие. Дядя Миша с Курехиным последовали их примеру.

Короткими перебежками от одного дерева к другому, спасатели неслись к Санькиному дому. В отсутствие Веры Васильевны, отправившейся в Ялту на похороны двоюродной сестры, за парня отвечал сосед.

Они обсушились, поужинали и уселись играть в подкидного дурака. Саньке в этот вечер страшно не везло – дурачком все время был именно он, да не простым, а с погонами. Проиграв в очередной раз, парень расстроился и ушел спать.

На улице выл ветер, стуча ставнями в окна. Грохотало так, будто по небу мчится на своей колеснице Илья-пророк. Дождь лил, не переставая. Даже не дождь, а какой-то тропический ливень. В такую погоду обычно хорошо спится, и Санька провалился в сон, как в пропасть.

Проснулся он в семь утра от громких криков жильцов дяди Миши. На улице, по-прежнему шел дождь, а в доме на полу плавали коврики и их с бабулей обувь, которая раньше стояла на веранде.

Санька подскочил к окну и глазам своим не поверил: во дворе бушевала большая вода, уровень которой достигал середины забора. Потоки грязи затопили весь двор, сад и огород. Улица превратилась в реку, смывающую все на своем пути.

— Че делается! Че делается! — ухватился Санька за голову. — Бассейна моего уже под деревом нет... велика тоже... и кибитки возле погреба что-то не видно... Хорошо, что я вчера забрал из-под лодки свои каску и повязку, спрятав их от бабули на чердаке, а то сейчас бы их тоже куда-то унесло. Надо будить дядю Мишу — у него вон забор повалило прямо на нашу территорию.

— Ядрена Матрена! — ухватился за голову мужчина, на глазах которого через смытый потоком забор проплыл во двор соседей его деревянный летний домик и весь находящийся в нем скарб, включая раскладушку, на которой он еще вчера спал. — Что же делать-то, Санька?

— Спасать! Мы же спасатели! — решительно произнес тот. — Наденем рыбацкие сапоги и пойдем искать мою кибитку, велик и бассейн...

— Какой бассейн? Какая кибитка? Их давно уже в море унесло, — чертыхнулся дядя Миша. — Машины вон по улице плывут, как бумажные кораблики. Передвигаться практически невозможно. Поток сбивает с ног...

— Бяда-бяда! — проворчал Курехин, пародируя голос бабули. — Надо кому-то позвонить!

— Точно! — обрадовался растерявшийся мужчина, доставая из кармана свой телефон.

Пока он разговаривал с МЧС, коллегой-спасателем и своими квартирантами, Санька сгонял на чердак за шлемом, повязкой и рыбацкими сапогами. Потом достал из чулана весла от лодки соседа, которые прятал у себя, чтобы тот не поплыл без него на рыбалку.

— Вот! — продемонстрировал он мужчине свои находки. — Можно отправляться спасать людей. «Долг зовет, Санька — вперед! Работа — мне, ав-ав, в охоту!».

— За сапоги — спасибо, они мне очень пригодятся. Дай мне еще твою рыбацкую куртку с капюшоном, и… ты не знаешь, случайно, куда Васильевна багор мой затискала? Это – палка такая длинная с тебя ростом, с крючком на конце. Она его на прошлой неделе у меня взяла, не то виноград с беседки доставать, не то, что-то плоды с дерева…

– В саду, наверное, оставила. А зачем он вам?

– Да при таком течении как бы в море не смыло. Багром можно за забор зацепиться или за дерево. Заодно и прощупать грунт под ногами – там ведь могут лежать камни, осколки да все, что угодно. Ну, да ладно, искать некогда, уровень воды все время поднимается. Даст бог, доберусь без приключений.

– Куда доберетесь?

– В штаб спасателей, он недалеко – в гостинице «Чайка», сразу за перекрестком, где ты Дядей Степой когда-то стоял. Там МЧС собирает добровольных помощников. Через час-другой объявят режим чрезвычайной ситуации и начнут эвакуацию жителей подтопленных районов в пункт временного размещения. «Чайка» на горке стоит, там всяко посуше.

– Я – с вами!

– Ни в коем случае! – повысил голос дядя Миша. – Ты сейчас поднимешься на чердак и будешь там ждать сотрудников МЧС. Ты меня понял?

Санька молчал. Его глаза были полны слез.

– Заруби себе на носу: выходить сейчас из дому чрезвычайно опасно. Из-за небывалых ливней наша Медянка вышла из берегов и затопила весь город. Рушатся мосты, столбы, ограждения, плывут киоски и автомобили. Через час уровень воды на улице будет выше человеческого роста. Даже спецтехника не справляется со стихией – пожарные машины увязают в глине. И это – в центре города. Представляю, что творится в других районах. Дай мне честное слово будущего спасателя, что ты на чердаке дождешься меня или сотрудников МЧС.

– Дождусь, – скривился Санька, как от зубной боли, подавая дяде Мише свою рыбацкую куртку. – Возвращайтесь скорее.

Через час уровень воды в доме поднялся сантиметров на пять. Парень высоко закатал спортивные штаны и, нехотя, поднялся на чердак. Там, в углу он увидел багор соседа, но было уже поздно. «Как же я забыл, что бабуля багром снимала из-под крыши осиное гнездо, а потом топила его в ведре с водой, – корил себя Курехин. – А если дядю Мишу без багра унесет в открытое море? И все из-за меня… Надо ему багор как-то передать».

Прошел час, а, может, и больше. Ни дядя Миша, ни МЧС за Санькой так и не явились. Ему с чердака было видно всю округу. «Вон – люди, ожидающие спасателей на крышах своих домов; а вон – автомобили, плавающие по улице, как подводные лодки; у ограды городского парка кучкуются прибившиеся к ней мотоциклы и велосипеды. А вон – два парня плывут на лодке, с ними – совершенно мокрая собака. Дождя уже нет. Значит, она – или спасатель, или ее саму только что спасли. Я тоже мог бы кого-нибудь спасти… Кстати, где лодка дяди Миши? Она воон там стояла, у забора, который потоком снесло … Да вот же она! У нас во дворе… Зацепилась якорем за ствол черевишни и болтается без дела туда-сюда. А могла бы спасать людей и домашних животных… Раз меня Эмчаэса не спасает, значит, у нее много других дел, и ей самой нужна моя помощь. Я ведь тоже водный спасатель…

Санька схватил багор и стал быстро спускаться вниз. Вода в комнатах поднялась уже до уровня колена. Парень надел свой оранжевый спасательный жилет, повесил на шею свисток, натянул на руку красную повязку, нахлобучил на голову треснутый оранжевый шлем. Теперь, по его мнению, он был экипирован, как мультяшный спасатель Зума, не хватало только за спиной небольшого рюкзачка с инструментами, хотя… «чем не инструмент складной охотничий нож, забытый дядей Мишей на столе?» – подумал юноша, бросая его в карман своих спортивных штанов.

Курехин подошел к двери, но открыть ее не решился – было страшно. Он потоптался на месте, еще раз выглянул в окно. Дождя уже не было, бурного течения тоже, но уровень воды, по-прежнему, достигал пояса. Еще чуть-чуть – и в доме будет такой же.

Мимо парня по веранде проплыли бабулины резиновые сапоги, как напоминание дяди Миши о том, что на мутном глинистом дне сейчас может находиться все, что угодно, и Санька послушно натянул их на свои босые ноги. Затем перекрестился, как это в экстренных ситуациях делала бабуля, взял подмышку весла, в руку – багор и со словами: «Смело – за дело! Оно – в надежных лапах!» открыл дверь и шагнул в водную стихию.

Санька не ожидал, что вода будет такой грязной и такой холодной. Она обожгла юношу, вызвав у него холодовой шок и ощущение бегающих по телу мурашек. У Курехина закружилась голова, зазвенело в ушах, онемели пальцы рук и ног, но он не вернулся обратно. Парень сделал несколько глубоких вдохов, произнес мантру щенков-спасателей: «Рассекай! Ныряй глубже! На старт! Внимание! Плюх!» и, опираясь на багор, продолжил движение в направлении черевишни.

Вскоре тело привыкло к влаге и холоду, Санька перестал трястись и сумел справиться со своей задачей. Он забросил в лодку багор, вставил весла в уключины, как учил его дядя Миша, с трудом, но отцепил якорь от дерева. Затем запрыгнул в лодку и погреб туда, где у них с бабулей раньше были ворота. Выплыв на улицу, направился к гостинице «Чайка», в штаб спасателей. Во-первых, он должен передать дяде Мише его багор, а, во-вторых, получить в штабе персональное задании. Ведь он же не пешком туда явился, а на личном плавсредстве, в форме спасателя.

Проплывая мимо городского парка, обнесенного чугунной оградой, Санька заметил мокрую кошку. Она сидела на узкой металлической полоске забора и тихо мяукала.

— Давай, прыгай в лодку! — велел он несчастной, но та даже не пошевелилась, продолжая издавать жалобные звуки.

Парень зацепился багром за чугунный прут решетки, привстал и, дотянувшись до кошки, сбил ее прямо в лодку. Спикировав в плавсредство, та стала благодарно тереться о его ноги.

— Да ладно тебе, не стоит! — потрепал он пострадавшую по загривку. — Нет свалки для смекалки!

В десятке метров от этого места парень обнаружил лабрадора, запутавшегося поводком о корни вывороченного дерева, которое, в свою очередь, застряло ветками в чугунной парковой ограде. Замерзший пес был страшно напуган. В его глазах стояли настоящие слезы.

— Отставить панику! — бросил Санька лабрадору. — Отважным щенкам — все по зубам!

Он распутал поводок, подсадил пса в лодку и поплыл дальше. Мимо них по улице проносились бочки, бревна, сараюшки, теплицы, собачьи конуры, беседки... В одной из беседок стояла привязанная к перилам коза.

— Вот те здрасьте! — выкрикнул Курехин, увидев плывущую вниз по улице Дерезу. — Горю желанием помочь!

Животное было в ступоре и никаких эмоций не выражало. Догнав беседку, парень зацепился багром за деревянную декоративную решетку, подтянул сооружение к себе. Отвязать козу не получилось, пришлось перерезать веревку охотничьим ножом. И тут Санька заметил в беседке еще одного пострадавшего — забившегося в угол, не то маленького кролика, не то большого хомяка. Хотя… какой хомяк? У него же хвост почти, как у белки.

— Ты кто? Иди-ка сюда!

Зверек боязливо зыркнул на человека, но команду не выполнил.

— Нет у меня времени с тобой возиться! — разозлился Санька и багром сгреб животинку в лодку. Та шмякнулась рядом с кошкой и тут же забилась под лавку.

До гостиницы «Чайка» оставалось еще четыре квартала. «Я выгружу там своих пассажиров, получу задание и поплыву спасать людей, — подумал Санька. — А то получится, что я «так-себе-спасатель» — спас только кошку, собаку, козу и какую-то Чебурашку.

Ой, а это что за страдалец?».

На одном из затопленных парапетов в ожидании помощи сидел ежик. И как он только сумел на него взобраться? Не притормаживая, Санька и его забросил в лодку.

– Пять спасенных! Если бы я послушал дядю Мишу, они бы все погибли, – радовался парень, продолжая свой путь на «большую землю».

В окружающей лодку мутной воде было так много рыбы, что ее можно было ловить руками. Курехин поймал одну и бросил ее голодной кошке. Та шарахнулась от нее, как от огня, видно, еще не отошла от стресса.

– Хозяин – барин, – голосом бабули проворчал Санька. – Была бы честь предложена.

На повороте на улицу Космонавтов юношу ждал еще один сюрприз – дрожащая от холода девушка стояла по грудь в воде и горько плакала, ухватившись двумя руками за сетку-рабицу, которой был обнесен школьный стадион.

– Держись за весло и забирайся в лодку! – скомандовал ей Курехин.

– Не могу, – зарыдала та. – Я лодыжку сломала.

Пришлось Саньке левой рукой зацепиться багром за металлическую сетку, а правой втаскивать потерпевшую в свой ковчег.

– Спасибо тебе большое, – смахнула слезу девушка. – Ты прямо – настоящий дед Мазай.

– Готов прийти на, ав-ав, выручку!

Это «ав-ав» ее несколько смутило, но она решила не акцентировать внимание на странностях парня в треснутом шлеме. Чего только на свете не бывает.

– Я – Наташа Бойко, местный блогер и внештатный корреспондент газеты «Черноморский якорь». А тебя как зовут?

– Я – спасатель, Санька Курехин, – пожал он протянутую ему руку. – Везу багор дяде Мише в штаб Эмчаэсы. Сейчас выгружу на берег зверей и поеду за людьми.

– За минувшую ночь выпало три месячных нормы осадков. Представляешь? – покачала головой барышня. – Если бы не крупные селевые потоки, забившие все городские водостоки, этого «всемирного потопа» можно было бы избежать.

Санька молчал, ему нечего было сказать по этому поводу.

– А ко мне в гости на собственном автомобиле приехали из Москвы сестра с мужем и племянником, Их машину смыло в море. Теперь не знают, как отсюда выбраться. В аэропорту сейчас – страшная давка, билетов нет. Ума не приложу, чем могу им помочь. Тем более, сейчас, со сломанной лодыжкой.

— А у меня бабуля в Ялту уехала… на похороны бабы Раи, — всхлипнул вдруг Санька. — И даже не звонит, хотя знает, как мне одному страшно. И дядя Миша меня бросил, и велик с кибиткой унесло…

— У всех сейчас — сплошные убытки. Стихийное бедствие… Главное, чтобы все мы остались живы-здоровы. Я вон… если б не ты… даже не знаю… Ой, кто это? — подскочила на месте блогер, задев ногой что-то мягкое.

Девушка наклонилась вниз и достала из-под лавки серого дрожащего всем телом зверька.

— Ой, шиншиллочка! Вот бедняжка! Где ты ее нашел?

— В беседке, вместе с привязанной козой.

— Какой же ты, Санька, все-таки молодец! Я о тебе обязательно напишу в своем блоге. Жаль, что я фотку не могу сделать — телефон утопила. Ой, смотри: спасатели плывут!

На соседней улице показались лодки. В одной сидели парни в форме Черноморского флота, в другой — мужчины в форме МЧС. Они гребли в сторону городского парка. «Значит, дядь Мишиных квартирантов сейчас снимут с крыши», — порадовался за них Курехин.

Чуть дальше парень увидел полицейского. Он нес на плечах маленького мальчика. За ним, цепочкой, держась за руки, шли два мужчины и три женщины. Служебная машина с надписью «Полиция» на борту плыла рядом с ними.

А вот и ступеньки, ведущие наверх, к зданию «Чайки». Увидев Санькину лодку, к ней подбежали медики и добровольные помощники МЧС. Кто-то из них сверкнул вспышкой профессионального фотоаппарата, фиксируя всех вновь прибывших, включая шиншиллу. Они осторожно вытащили на сушу Наташу Бойко с «чебурашкой» в руках, за ней — козу, потом лабрадора с кошкой и, наконец, ежа.

— Молоток, парняга! — одобрительно поднял вверх кулак один из мужчин, судя по всему, начальник остальных.

— А дядя Миша где? — поинтересовался у него Курехин. — Я ему багор привез.

— Евсюков? Он с добровольцами в детдом поплыл, мелких спасать. А багор тебе самому пригодится. Плыви сейчас под мост. Туда потоками воды прибило десятки домов вместе с животными. Может, там и из людей кто-нить, остался. Вези всех сюда!

— Горю помочь! — отдал ему честь Санька. — Сквозь воду и лед помощь придет!

— Куда ты посылаешь инвалида? — выкрикнул ему один из медиков. — Ты что, Егорыч, не видишь: это же — Санька-дурачок.

— Дурачок-не дурачок, а гребет исправно! У меня лишних рук нет — все снимают подтопленцев с крыш, вытягивают их из потоков воды. Одни пробивают водостоки, другие эвакуируют детдомовских, третьи спасают хворых в городской больничке. Там первые этажи уже полностью затоплены. Здания похожи на аквариумы. А ты мне тут про интеллект. Вот справимся с последствиями стихии, тогда и разберемся, кто тут у нас дурачок, а кто – умник.

Под мостом перед глазами Курехина предстала жуткая картина. В гигантской свалке разрушенных жилищ стояли жуткий собачий вой и жалобное кошачье мяуканье. Лучшие друзья человека были прикованы цепями к будкам, верандам, заборам. Оказавшиеся в ловушке кошки пытались выбраться наружу, но не могли этого сделать. Спасая собственные жизни, люди забыли или не успели отвязать и выпустить своих животных, обрекши их на верную гибель.

– Ядрена Матрена! – растерялся Санька, не зная с чего начать. – Да не орите уже так – спасатель Зума пришел к вам на помощь.

Парень бросил якорь и начал багром разгребать завалы. Четырех совершенно обессиленных псов ему пришлось снимать с привязи. Пятую собаку удалось вытащить из мутной жижи в самый последний момент – у нее из воды только кончик носа торчал. Доставая из тонущего дома двух кошек, Санька обнаружил там пожилого мужчину. Заблокированный упавшей на него балкой, от переохлаждения он даже голос не мог подать – вместо него это делали его кошки. Еще трех кошек юноше удалось вызволить, пробив багром дырку в деревянной крыше летнего домика.

Заполнив до отказа свое плавсредство, Курехин двинулся в обратный путь.

– Я еще сюда вернусь, – пообещал он куче обломков, еще недавно бывших домами жителей Черноморска. – Вот этих отвезу в теплое место и сделаю третью ходку.

Замерзшие и до смерти напуганные животные признаков жизни не подавали – сидели, как чучела, и с ужасом глядели на проносящуюся мимо мутную воду. Спасенный же мужчина беззвучно плакал, обнимая свою собаку. Ту самую, которую удалось спасти в последний момент.

– Я все потерял... Теперь я нищий, – повторял он в шоке. – У меня больше нет ничего, кроме Джульбарса.

Санька молчал, не зная, как утешить убитого горем старика. И тут мимо его лодки проплыла большая синяя детская коляска.

– Ядрена Матрена! – нахмурился Курехин. – Она хоть пустая?

Чтобы выяснить этот вопрос, пришлось развернуться, догнать коляску и, зацепив ее багром, подтянуть к лодке. Внутри оказались младенцы-близнецы. Мокрые, голодные, но живые. От постоянного плача у них пропали голоса. Посиневшие от холода пацанята едва слышно сипели, хватая воздух раскрытыми ротиками.

– Бяда-бяда! – только и смог промолвить Санька, привязывая веревку к ручке коляски. Уложить грудников рядом с голодными, пережившими стресс, псами он не рискнул.

У гостиницы «Чайка» его встречали как героя. Лодка, полная живности, травмированный дедуля и плывущая рядом коляска с близнецами оказались нерядовым уловом. Люди рукоплескали прибывшим, кричали Саньке: «Молодчина!», щелкали своими телефонами, снимали видеоролики о черноморском Мазае.

— А ты говоришь, дурачок! — бросил Егорыч доктору, принимавшему младенцев из рук парня. — Мне бы в отряд пару таких дурачков и остальных можно будет спокойно разогнать.

Выгрузив пассажиров, Курехин снова отправился под мост... Больше парня никто не видел. На следующий день его перевёрнутую лодку нашли недалеко от свалки разрушенных домов, в пятидесяти метрах от моста. Похоже, она перевернулась, натолкнувшись на какое-то препятствие…

По последним данным МЧС, от разгула стихии Черноморск получил колоссальный ущерб. Более пятидесяти человек оказались травмированы, один гражданин погиб, один – пропал без вести. Пропавшим оказался добровольный спасатель Санька, с детства боявшийся большой воды.

«Стихия – это страшная сила! Надо быть очень храбрым, чтобы рискнуть своей жизнью ради чужой, – писала корреспондент «Черноморского якоря» Наталья Бойко. – Если б не своевременные профессиональные действия Александра Курехина, жертв могло быть в разы больше. Низкий поклон его замечательным родителям, воспитавшим такого отважного, неравнодушного к чужой беде человека».

Галина ПИЧУРА. Женихи для мамы

Когда папа умер, маме было всего 54 года. Согласитесь: до старости далеко, хотя и молодость осталась лишь в воспоминаниях...

На самом деле, молодость живет не только в воспоминаниях, но и в мечтах о счастье... И возраст здесь ни при чем. Пока человек способен мечтать, он все еще молодой.

На уровне сложных процессов психики молодость продолжается до старости, а иногда и до самой смерти. Мы, женщины, видим это порой примитивно: в самообмане на самые разные темы, в тяге к новым нарядным платьям и туфлям (пусть не на шпильке, но уж наверняка на изящном каблучке), в тщательно замаскированном интересе к мужчинам и их восприятии тебя, в наивной попытке соперничать с этими юными дурами, которых становится все больше и больше вокруг с каждым годом и даже с каждым днем... А на самом деле, инстинкт самосохранения (а он никуда не девается с годами) содержит внутри себя и инстинкт тяги к радости, к обновлению, к потребности нравиться и любить, заботиться, дарить и быть объектом заботы и нежности.

Конечно, паспортный возраст никто не отменял и нелепо конкурировать с молодежью! Ну, к примеру, мы, женщины... Посмотрим правде в глаза: кого из мужчин волнуют женские мозги и бесценный багаж пережитых невзгод, если их носительнице перевалило за 50! А если за 70? Мужчины любого возраста сначала смотрят женщине на ноги, потом на грудь, на лицо, и только после этого замечают интеллект. Кстати, еще неизвестно, что их больше радует: отсутствие такового или наличие...

Так вот, в свои 50 с небольшим моя мама оставалась вполне себе молодой во всех отношениях.

С ногами и прочими атрибутами женской привлекательности все у нее было в полном порядке. А вот интеллект несколько превышал желаемый большинством мужчин уровень, при котором им можно не напрягаться и не задумываться, прежде чем что-то произнести.

Через несколько лет маминой вдовьей доли, одна далекая родственница решила познакомить ее со своим соседом. Звали его, как сейчас помню, Ильей Евгеньевичем. Он был старше мамы на целых 9 лет. Но мы на семейном совете, состоявшем из мамы, меня и альбома старых фотографий, решили простить Илье солидный возраст, если он сумеет очаровать нас обеих и скрасить мамино женское одиночество. Разница в возрасте моих родителей составляла тоже... девять лет. И это совпадение тут же было зачислено как добрый знак свыше. Но одно дело – родной муж, который старел на твоих глазах, незаметно превращаясь из юноши в пожилого человека, и совсем другое – чужой старый мужик, взявшийся ниоткуда.

И все-таки наше женское царство (мама, я и моя дочка) явно нуждалось хотя бы в одном на всех мужчине, его уверенности, свежей струе новых взглядов, знакомств, умений, готовности оградить, пожалеть, защитить и проявить заботу...

В ту пору мне было 27 лет. Я успела выскочить замуж, родить ребенка, развестись с мужем и пребывала в том чудесном состоянии, когда свершилось долгожданное освобождение от неудачного первого замужества, а возраст, как и внешние данные, позволяли пока еще не спешить сломя голову во второе.

Мы проживали в одной квартире с мамой не из-за проблем с жилплощадью, а просто потому, что вместе нам было хорошо во всех отношениях. Мама помогала мне растить ребенка. Я ей — чувствовать себя востребованной. Человеческое тепло, любовь и забота были нужны всем троим.

При необходимости в семье имелась дача со всеми удобствами, куда всегда можно было «свалить», если этого требовала ситуация.

Я решила помочь встретить маминого гостя: все-таки нужно сварить вкусный праздничный обед, накрыть на стол, вести непринужденную беседу... В солидном возрасте не принято бегать на слепые свидания в кафе или к метро, тем более, если знакомство происходит с подачи общих знакомых. Так что мы ожидали гостя у нас дома.

Мама всегда помогала мне с готовкой для моих торжеств, а потом деликатно уходила. Я решила поступить так же.

Илья Евгеньевич оказался чуть ли не пижоном: он явился в длинном черном кожаном плаще, на шее — мягкий красный шерстяной шарф (эффектный и очень элегантный, если такое слово приемлемо по отношению к шарфу).

Красавцем он не был, этот Илья, но впечатление произвести умел. Пришел красиво: с цветами и тортом.

После холодных закусок я попыталась ускользнуть к соседке с третьего этажа, куда заранее отвела дочурку. Но Илья Евгеньевич не отпускал меня, и я сочла это знаком его скованности: он смущался остаться наедине с моей мамой, а я вроде как разряжала атмосферу своим присутствием. Факт сватовства двоих немолодых людей становится не таким явным, когда за столом сидит кто-то третий. По крайней мере, я так чувствовала и так воспринимала эту ситуацию. Однако перед чаепитием я все-таки ушла к соседке, предоставив возможность маме и Илье Евгеньевичу поговорить по душам.

Примерно через час гость ушел, и мы с дочкой вернулись в квартиру.

... На следующий день я отправилась на работу, потом — за

покупками для дочери, а когда наконец пришла домой, то застала маму в самом отвратительном настроении.

Лицо ее было красным: она явно плакала. Но самым неприятным оказался ее взгляд: она смотрела на меня не как на дочь (недавно еще очень даже любимую), а как на соперницу.

Вбить кол между мамой и дочкой способен лишь редкий подонок. Ведь совместить в своей душе любовь к родному ребенку с ревностью к нему же — крайне сложно, и мало кто способен отнестись к подобной ситуации без серьезного ущерба для своей нервной системы.

Но, к счастью, я была той дочкой, которая за мамину слезинку готова убить любого.

— Что случилось?

— Мой ухажер влюбился в тебя и обнаглел до такой степени, что прямо сказал мне об этом по телефону.

— ???

— Что тебя так удивляет? Они все такие, мужчины. Зачем им женщина за 50, когда рядом есть молодая!

— Господи, мама! Он для тебя-то стар! А мне он – куда? Смешно даже говорить об этом! Да если бы даже ему было 30 лет, неужели я встала бы на пути у родной матери! Мне и в голову не могло прийти, что он способен на такую выходку. А что конкретно он сказал тебе?

— Позвонил, поздоровался и попросил к телефону тебя. Я сказала, что ты еще не вернулась с работы. И он заявил, что будет за тебя бороться.

«Мне очень понравилась ваша дочь, и я сделаю все, чтобы понравиться ей. У меня – самые серьезные намерения. Я полон сил, есть жизненный опыт, и, поверьте, я интересный человек. Возраст не портит мужчину. Предупреждаю, что намерен бороться за вашу дочку. Я готов носить ее на руках всю жизнь».

— С ума сойти! А ты? Что ты ему ответила?

— Я сказала: «Носить на руках? Боюсь, что ей этого будет недостаточно».

Я засмеялась и обняла маму. А она продолжила:

— Хочешь верь, хочешь нет, но он мне в любом случае не понравился. Не мой человек. Я сразу это почувствовала. Очень много выпендрежа. Мне бы кого то поинтеллигентней и подемократичней. Но все-таки очень противно, когда твой гость, который пришел знакомиться с тобой лично, начинает проявлять интерес к твоей дочери. Спасибо, что не к внучке!

Мама понемногу успокоилась и даже стала шутить и пародировать походку вчерашнего гостя. Мы развеселились. Хотя я понимала, что осадочек от этой истории останется в душе у моей мамы надолго.

И дело вовсе не в потере этого «бесценного» ухажера, а в вере в собственную женскую привлекательность. Этот негодяй заставил маму усомниться в ней. А ведь она готовилась к встрече!

Через два часа Илья позвонил и попытался поговорить со мной о поэзии. Он начал телефонную беседу с того, что его библиотека хранит уникальный материал, затем попытался читать стихи классиков, незаметно перейдя к своим собственным стихам. Перебить его было сложно. Но и терпеть идиотские попытки старого ловеласа охмурить меня поэзией я не собиралась. На классиках я себя еще как-то сдерживала и тренировала свое терпение. Но как только несостоявшийся мамин хахаль перешел к собственному творчеству, меня прорвало. Я неплохо разбиралась в поэзии, поэтому терпеть стихоплетство самонадеянного наглеца никак не могла. И, хотя я с ужасом поняла, что перебить его цивилизованно будет непросто, а дождаться паузы и того сложней, я все-таки его перебила и прямо заявила о том, что не буду продолжать никаких отношений, даже чисто приятельских, с человеком, который был приглашен к нам в дом для знакомства с мамой, но почему-то переключился на дочку, что я считаю неприличным. Я даже что-то изрекла на тему стихов: мол, обидев женщину поступком, нелепо реабилитироваться ни стихами классиков, ни собственными виршами.

Долгое время после этого случая мама даже слышать не хотела ни о каких знакомствах, и мне это было очень больно. Я невольно чувствовала себя виноватой: надо было уйти из дома до того, как пришел этот тип. Хотя если мужчина – козел, то уходи-не уходи, а попытка залезть в огород молодой зелени все равно будет предпринята рано или поздно.

С тех пор прошло немало лет. И вот однажды... Мама получила льготную путевку от райздравотдела в дом отдыха «Морской прибой» в Зеленогорске на целых две недели.

Я в тот момент лежала в больнице с гастритом, и мама навещала меня почти каждый день. Гастрит не знал, что над ним бьются лучшие гастроэнтерологи района. Поэтому он никого не боялся и нагло проявлял себя голодными болями по ночам. Язву не нашли, но симптомы были такими, как при язве.

Однажды утром в больнице начался переполох: ночью кто-то из язвенников в приступе голодной боли залез в общий холодильник, где пациенты хранили принесенные им из дома гостинцы, и наглым образом присвоил чужую вареную курочку, тут же целиком уничтожив. Видимо, сильно болело, свои запасы еды истощились, а заповедь «не укради» была создана теми, кто не испытывал язвенных приступов голода. Утром по больнице распространился слух о ночном происшествии, и слух этот обрастал новыми подробностями с каждым пересказом: «Этой ночью кто-то выпустил из холодильника на свободу курицу! А в клюве у этой курочки была целая палка сервелада! Но преступник пока не обнаружен. Ищут среди язвенников, что вполне логично».

В общем, больница жила своей внутренней жизнью. Врачи флиртовали с медсестрами (или наоборот), пациенты с пациентками, встречаясь в коридоре взглядами, без которых мир давно уже перестал бы существовать. А за пределами больницы царствовала очередная весна. Ее ежегодно повторяемая неповторимость, тысячи раз описанная, но так и не понятая прелесть, ее свежайшее дыхание трепетно разливалось по улицам нашего городка, доставаясь каждому за просто так, но при условии способности дышать и радоваться. В общем, за окнами затаилось весеннее предвосхищение счастья – та самая ничем не примечательная для обывателя житуха, которую не ценишь и почти не замечаешь, пока не заболеешь и не попадешь в больницу или тюрьму.

Путевка в дом отдыха досталась моей маме раньше, чем она того ожидала. Как самая преданная мама на свете, она была уже готова отказаться от нее, раз дочь – в больнице. Но тут я по-настоящему восстала и настояла на мамином отпуске. Подумаешь, гастрит! Он – надолго, если не навсегда, а путевка всего на пару недель.

Мама укатила, пообещав звонить знакомой медсестре больницы, чтобы узнавать обо мне, так как мобильников в ту пору еще не изобрели.

Молодая докторша, та, что вела нашу палату, зачем-то добилась у больничного начальства отпустить меня на пару ночей домой, хотя я этого не просила. Как позже выяснилось, это был эксперимент: врач рассудила, что я как молодая женщина давно и безрезультатно лечусь от гастрита, а он, гастрит, явно – на нервной почве. Придумала, фантазерка-врачиха, что если меня отпустить на пару дней домой, то принц ли, муж ли, а то еще кто-то успокоит меня, приласкает, и моей нервной системе (а значит, и гастриту) станет намного легче.

Но дома меня никто не ждал. Там было пронзительно пусто: мама – в доме отдыха, ребенок – на даче со свекровью, с мужем я давно в разводе, ну а возлюбленный мой – со своей супругой (меня угораздило влюбиться в женатого). Промучившись пару часов в пустой квартире, я стала скучать по обитателям своей больничной палаты. Подруги на работе. У каждой – свои проблемы. А в палате мы уже – общий коллектив случайных, но временно объединенных общими обстоятельствами нездоровья людей. В больнице кажется: «Вот выйду на свет божий, а там...» А как остаешься наедине с рутиной жизни, то не всегда и понятно, почему так казалось, что тебя ждут и дела, и люди и все вокруг обещает близкое счастье или хотя бы искорку смысла...

... На улице было хорошо, но остро одиноко. Разве что воробьи да голуби радовали своей компанией, ну и весеннее солнышко, конечно, тоже...

Я вышла из кондитерского магазина с пакетами печенья, конфет и кексов и медленно шла по бульвару в сторону больницы. Не терпелось угостить обитателей палаты сладостями, ценность которых невероятно возрастает в однообразии больничного быта и питания. Я мечтала о своем женатике, о том, чтобы он меня навестил, рискуя карьерой и семьей. Но этого так и не случилось. Я мечтала, чтобы он развелся и женился на мне, а это уже вообще из области фантастики. Но весна разрешает строить самые нереальные планы... И я их строила, подставляя свое лицо под ласковые лучи.

Странно, почему какие-то незначительные эпизоды запоминаются на всю жизнь... А важные порой исчезают бесследно: армянский паренек невысокого роста разговорился со мной на автобусной остановке и явно начал проявлять ко мне нешуточный интерес. Стереотип принца ну очень сильно отличался от облика этого парня и ростом, и акцентом, и чем-то еще, хотя я невольно отметила, как парень интеллигентно выглядел и говорил. Но я была влюблена в женатика, и никто другой в тот момент не мог меня заинтересовать.

Чтобы наверняка отшить, но не обидеть так некстати влюбившегося в меня паренька, я рассказала ему правду о том, что у меня – гастрит и я возвращаюсь в больницу. Ну кому нужна больная девушка, которая вот-вот окажется в палате на неизвестно какой срок! Но вместо ожидаемого мной разочарования я услышала искреннюю тревогу и обещание выслать мне мумие высокого качества прямо из Армении.

– У моей мамы был гастрит, и мумие помогло. И вам поможет! Вы в какой палате лежите? Я дирижер! Приехал выступать с оркестром. Но я вас на днях навещу... А пока провожу...

Я улыбнулась в душе: ох, уж до чего мужчины любят приврать! Он через полчаса и не вспомнит обо мне. Но придумывать себе другое имя я не стала. Неловко как-то. Да и зачем обижать хорошего человека? Тем более, что вижу его (в чем была уверена) в первый и последний раз в жизни.

И вот через неделю я услышала его говор через открытое окно палаты: он громко произносил мое имя, спрашивая всех вокруг, как найти мою палату. Пришлось спуститься, поблагодарить его за заботу и сказать, что у меня есть жених. До сих пор помню его огорченные глаза, добрые, умные, влюбленные... Он все равно настаивал на доставке мне мумие, но я отказалась принимать его, придумав несуществующую аллергию.

Почему этот случай не стерся из памяти? Что в нем такого особенного? Неужели та будущая боль от всех мужчин, которых я любила и которые меня обидели в жизни, была послана мне в отместку за этого невзрачного, но искреннего мальчика? Все мы влюбляемся в красивых мучителей, пустых и равнодушных к нам, и совершенно не замечаем достойных ребят из-за каких-то преступных глупостей: не тот рост, не тот акцент, не тот облик киногероя, что на афише или в журнале...

... А мама, как обещала, позвонила мне через больничную медсестричку. Та позвала меня к телефону и попросила долго не разговаривать. Но остановить маму в этот день было совершенно невозможно. Сначала, конечно, разговор шел о моем здоровье, а потом... В общем, я сразу почувствовала, что мама воодушевлена не на шутку. Как оказалось, в доме отдыха у нее появился ухажер. И хотя женщин там было полно, как обычно, а мужчины всегда в дефиците, но этот поклонник, видно, быстро разобрался и выбрал мою мамочку. Не дурак, значит. Соображает. Еще бы: голубоглазая, умная, стройная женщина, очень женственная, гордая, тактичная...

Достоинства мамы я могла бы перечислять очень долго, но в этом нет необходимости.

Я была счастлива, хотя и уловила в родном голосе тревогу: отпуск скоро закончится, и никто не знает, будет ли продолжение у этих отношений...

... Они сидели за одним обеденным столом. Три раза в день целых две недели... Они ходили на прогулки и на танцы, в кино и в библиотеку... Они держались за руки, как дети... Столько прекрасных мгновений общения, поводов узнать друг друга и очароваться!

Он, как и мама, был вдовцом. Физической близости не случилось: он не стремился рисковать дорогими для него отношениями. Однажды он так и сказал: «Маша, здесь в каждом номере секс, а каждый заезд рождает новые романы. Я бы очень не хотел опошлить наши отношения казенной койкой предсказуемых банальных ласк сроком на две недели. Я уважаю тебя и себя. У нас все будет, я надеюсь. Но пусть это произойдет не здесь!»

Маме понравилась эта речь и эта романтичность.

Она рассказывала мне о своем новом знакомом без умолку... Эпизод за эпизодом... И я понимала, что этот отпуск надолго останется в ее памяти.

Однажды на танцах к маме и ее кавалеру подошли две немолодые разодетые женщины (видимо, в прошлом, красотки), и одна из них произнесла:

«Валерий! Позвольте представить вам мою подругу Ирину. Я давно хотела вас познакомить».

Мама смутилась и уже хотела было отойти в сторону (она всегда пасовала, сталкиваясь с хамством), но Валерий, вежливо попроветствовав довольно наглых искательниц любовных приключений, произнес:

«Очень рад знакомству, но хочу заметить, что я – с дамой». Он тут же пригласил маму на танец и закружил ее в вальсе. В общем, Валерий сполна проявлял свою заинтересованность и теплоту, и моя мама была близка к влюбленности, невзирая ни на возраст и ни на что другое.

Увы, все хорошее неизбежно проходит: отпуск закончился, и мама вернулась домой.

Поняв, что мой гастрит остался недоступным для врачей, она настояла на моей выписке из больницы. В доме отдыха, как я позже узнала, ей удалось познакомиться с известным врачом-гипнологом, и уже через неделю я оказалась у него на приеме.

Помню странную реплику гипнолога о том, что с ушами мне не повезло: мочки крепятся почти под прямым углом к черепу, а это верный признак сложного строения нервных стволов и чего-то там еще. В общем, он определил меня как сложную натуру и предложил мне в качестве лечения не гипноз, а какое-то лекарство. Оно действует не на стенки желудка, а на нервные точки, ответственные за чрезмерную выработку желудочного сока.

«Давайте попробуем! Оно может и не помочь. Но точно не навредит».

Лекарство называлось липоцеребрин, и стоило всего 40 копеек за бутылочку. Доктор тут же снабдил меня двумя упаковками и написал схему приема, а она оказалась довольно замысловатой. Но через неделю от моих симптомов не осталось и следа. Я позвонила волшебному доктору, чтобы спросить: что делать дальше. Он был счастлив.

«Ну, эту бутылочку допейте до конца, а вторую пить не стоит».

В это трудно поверить, но с тех пор гастрит меня никогда больше не беспокоил. Однако лекарство это почему-то было убрано из производства через пару лет (наверное, слишком эффективное и дешевое). Откуда я знаю? Советовала подругам, страдающим гастритом. Им тоже помогло. А потом вдруг лекарства не стало. Но я отвлеклась...

Мама вернулась из дома отдыха окрыленной и помолодевшей.

– Ты знаешь, я сказала ему при прощании, что благодарна за чудесное время, общение и замечательный отпуск! И даже если мы никогда больше не увидимся, я все равно не жалею о нашей встрече.

А он... Он обиделся и спросил:

– Ты больше не захочешь меня видеть? А я лично с тобой расставаться не собираюсь!

Мы обменялись телефонами и адресами, и он на прощанье сказал мне:

«Машенька! Дай мне пару дней побыть с сыном, а потом зови в гости! Познакомишь меня с дочкой и внучкой!»

И вот этот день наступил. Я порхала по квартире, мыла полы, жарила, пекла, строгала салаты. Маму отпустила в парикмахерскую. Потом мы долго выбирали ей наряд... Валерий звонил и уточнял маршрут и номер автобуса... Спрашивал, какие пирожные мы любим...

... Стол был накрыт, и мы с дочкой в срочном порядке покинули квартиру, отправившись с ночевкой на дачу, дабы не мешать маме и не повторять прошлых ошибок. А уж познакомить Валерия с нами мама успеет еще сто раз. Пусть уж сначала стабилизируются их отношения!

Мы долго добирались до дачи: сначала на автобусе, потом на электричке и снова на автобусе.

Когда же наконец я открыла дверь дачи, раздался телефонный звонок и встревоженный голос мамы сообщил, что к ней никто не приехал и даже не позвонил.

Я долго молчала, не зная, как реагировать. Наконец я спросила:

– Ты думаешь, с ним что-то случилось?

– Нет, я так не думаю. Ни про кирпич, что обязательно должен упасть на голову нашим обидчикам, ни про инфаркт... Опыт жизни научил искать более прозаичные причины, когда речь идет о мужчинах. Но все равно на душе очень гадко.

– Мама, но ведь приехать к тебе – целиком и полностью его инициатива. Именно он звонил тебе и напрашивался в гости. Так?

– Так!

– И что получается? Купил пирожные к столу и не доехал? Сам сожрал их в приступе жадности? Так не бывает! Было бы ему лет 25 - 30, я бы подумала, что он по дороге «склеил» кинозвезду. Но ему за 60! И у вас – роман. Пусть даже платонический! Значит, все-таки кирпич! Или я уже ничего не понимаю. Мама, позвони ему домой! В этом нет ничего унизительного. Вдруг все-таки что-то случилось с сыном или с ним самим? Сердечный приступ? Да мало ли что может произойти с человеком! С твоей стороны, просто неприлично не узнать и обидеться. Успеешь обидеться потом!

– Я уже позвонила, – мамин голос звучал ужасно.

– Подошел его сын. Я поздоровалась и представилась, а потом попросила к телефону Валерия. Сын ответил, что папы нет дома и чтобы я больше им не звонила. Он был груб и первым бросил трубку.

Я вызвала такси, и мы с дочкой вернулись домой поздним вечером, чтобы не оставлять маму в таком жутком состоянии в одиночестве. Когда малышка заснула, мы еще долго сидели за столом и, как следователи, раскладывали на составляющие все возможные и невозможные причины такого поведения взрослого мужчины. Пазлы не сходились!

Если бы Валерий был женат, он не стал бы давать маме номер своего домашнего телефона.

Если бы с Валерием что-то случилось, сын был бы в курсе и сообщил об этом в вежливой форме. Если бы случилось что-то в дороге, сын волновался бы не меньше мамы и сам уже позвонил бы ей сто раз!

Предположим, сын устроил отцу скандал, чтобы тот не встречался ни с какими дамами. Но даже если Валерий оказался послушным папой и шел навстречу требованиям своего сына-деспота, то зачем бы он стал звонить и уточнять наши кондитерские вкусы?

Мы обе чувствовали тень таинственной причины этой то ли странности, то ли наглости поведения такого с виду приятного мужчины, но не могли поймать эту тень ни сачком своего воображения, ни логикой, ни подозрением...

Однако такого оплеванного состояния, в каком мы обе пребывали в тот вечер, я никогда до этого не испытывала. Сердце сжималось от обиды за маму. Хотелось срочно разыскать этого мерзавца и выразить ему свое презрение.

В какой-то момент мы обе устали от перемалывания одних и тех же мыслей вслух и уже хотели было лечь спать, как мама неожиданно вспомнила, что последний звонок от Валерия был не из дома, а из телефона-автомата возле кондитерской, где он занял очередь за выпечкой. Именно тогда он уточнил номер автобуса и поинтересовался, какие тортики и пирожные мы предпочитаем. И тут мама сказала ему, что лично она любит эклеры, как и он, а вкус дочки и внучки учитывать не стоит в этот раз, поскольку они (мы) уехали на дачу.

Валерий помолчал немного растерянно и переспросил: «Так дочки и внучки дома не будет? Жаль!»

«Я успею тебя с ними познакомить в другой раз», — пообещала мама, совершенно не придав этому разговору никакого значения.

— Я знаю, почему он исчез, — заорала я на всю квартиру! — Он — импотент, и наше присутствие было ему необходимо как причина, исключающая интим с тобой. В доме отдыха он придумал романтическое объяснение своей вынужденной сдержанности: казенное помещение. Помнишь?

А сейчас наш отъезд уничтожил для него возможность хоть какого-то объяснения, почему он не хочет спать с тобой. Ничего другого тут быть не может.

Мама побледнела:

«Дурак! Я бы не бросила его из-за этого! Мне скоро шестьдесят три года! Можно подумать, что в этом возрасте секс – главное содержание отношений! Просто идиот...»

Валерий так никогда и не позвонил моей маме, и она ему – тоже. Никаких романов в ее жизни больше не случалось. Да она и не стремилась к ним. Треснуло что-то, наверное, в ее душе в тот вечер, когда она, ничего не подозревая и замирая от предвкушения радостной встречи, ждала друга, мечтая об общем с ним будущем...

Так что этот отпуск, несмотря на его ужасное завершение, остался в маминой памяти последним романтическим эпизодом отношений с мужчиной. Иногда она тайком листала альбом, в котором были фотографии того самого дома отдыха, а на одном из снимков Валерий и мама весело смеялись и дурачились перед камерой, как дети. Это был снимок счастья со случайным знакомым, который имел шанс стать родным человеком, но испугался возможного удара по своему мужскому самолюбию и ударил женщину первым (на всякий случай).

А я все думала: кто разберет этих мужчин! И в следующий раз уезжать мне из дома или наоборот остаться?

Но следующего раза в маминой судьбе не случилось: как-то быстро наступила старость, болезни и смерть.

P.S. Не успеешь родиться, как уже – взрослость, а за ней и старость. Только привыкнешь, что тебе сорок, погрустишь на тему цифр, как тебе уже за 50, за 60, за 70...

Едешь по жизни в поисках счастья на особом такси, а на счетчике быстро, коварно и безжалостно мелькают цифры возраста и непоправимых событий... Оплата за проезд – напрасными мечтами, несчастьями и сначала годами, а потом сразу пятилетками и даже десятилетиями... Жаль человека на Земле! Даже злого... Откуда нам знать, почему он стал таковым и какие его надежды разлетелись в пух и прах!

Но особенно жаль наших мам. Они в любом возрасте умирают с надеждой на любовь и с тревогой о том, как выглядят, много ли морщин, в порядке ли прическа и подходит ли кофточка.

Андрей ПУЧКОВ. Дорога

Она

Она сидела за рулём своей маленькой японской машинки и слушала радио. Она не была фанаткой музыки, но, в сочетании с гулом двигателя, в салоне машины создавался некий уютный фон, который ей очень нравился, и навевал приятные мысли о доме. А сами песни она и не слушала. Даже слова не пыталась разобрать.

Она ехала домой, и находилась за рулём вот уже два часа, но, она не устала, да и настроение было прекрасным. Она ехала домой! К своей семье, хотя, дети уже и жили отдельно, и у них были уже свои семьи, она знала, что они её ждут. Все её ждут! И муж ждёт, и внуки, они хоть и были ещё слишком маленькие, чтобы определить её как бабушку, но ей очень хотелось думать, что они её ждали. Не зря ведь они улыбались и пускали пузыри, когда видели её. Даже сам её дом, тоже ждёт, когда она вернётся. Она это знала и чувствовала, и когда она переступала порог своей квартиры, дом облегчённо вздыхал, и выпускал ей навстречу кота, который от его имени приветствовал её, вякнув несколько раз, а потом, начинал тереться об её ноги. Она ехала и улыбалась своим мыслям. Она радовалась удачно сложившейся жизни. Она любила эту жизнь!

Щербатый

Щербатый угрюмо смотрел на дорогу, которая серой лентой неслась навстречу его фуре, и покорно расстилалась под огромными колёсами тягача. Он нервно курил, и сплёвывал прямо перед собой крошки табака, которые попадали в рот. Он не любил фильтр у сигарет, ему казалось, что фильтр задерживает самое «вкусное» что есть в табаке, и тогда он приспособился фильтр отрывать. По началу, он, конечно, пытался по привычке курить сигареты без фильтра, к которым привык, но в постперестроечное время, эти сигареты стали такими отвратительными, что ему волей-неволей, пришлось перейти на отрывание фильтра. Он не придавал значения тому, что крошки табака, которые он выплёвывал, попадали на руль, и прилипали к нему, а когда он задевал их руками при повороте руля, они падали к его ногам, оставляя после себя на поверхности «баранки» некрасивые пятна.

Настроение у него было поганое, и он знал почему. Ему опять хотелось этого. Он открыл шире окно кабины, и сплюнул через щербину, образованную отсутствием зуба. У него уже долго этого не было. Он и рейсы-то теперь стал брать в два раза чаще, в надежде на то, что у него это снова получится, и он сможет на какое-то время успокоиться.

Он

Он сидел в кабинете за столом и смотрел в окно. Положил подбородок на ладони и смотрел. Работать и думать о чём-то не хотелось. Настроение было отличное, погода хорошая, на улице тепло. Лето. Да и к тому же, жена скоро приедет. Она, когда выезжала, позвонила и сказала, что выезжает. И вот уже в который раз, глянув на часы, висевшие на стене кабинета, он подумал, что примерно часа через полтора, он её увидит.

Она уже много лет, в одно, и тоже время уезжает к своей подруге, это у них своеобразный ритуал, который невозможно нарушить. Подруга живёт в трёхстах километрах от них, в небольшом посёлке, и каждое лето, жена уезжала к ней в гости. Он вздохнул и выпрямился на стуле. Когда он приедет с работы, она уже будет дома. Откроет ему дверь, потом отступит назад, наклонит немного голову к правому плечу и улыбнётся. Улыбнётся так, как умеет улыбаться только она.

Смерть

Смерть не хотела сегодня работать, и поэтому, она очень удивилась, когда поняла, что она сейчас будет нужна тому, кто её не ждёт, и к кому она совсем не хочет приходить. Но, выхода у неё не было. Смерть тяжело вздохнула, она знала, что люди считают, будто бы она самая сильная. Но, это далеко не так. Судьба! Вот кто гораздо сильнее её. Вот и сейчас, судьба всё вывернула так, что ей придётся забрать жизнь у той, кто ранней смерти совсем не заслуживает.

Смерть тихо опустилась в кресло рядом с симпатичной женщиной, которая ехала в своей маленькой машинке, слушала радио и улыбалась чему-то. Смерть сидела рядом с женщиной и грустно смотрела на неё. Женщина её сначала не видела, а когда пришла пора, и Смерть ей показалась, женщина даже не успела испугаться. И когда женщина, обгоняя огромную фуру, выехала на встречную полосу, Смерть обняла её, и укрыв своим плащом, прижала к своей необъятной, несущей успокоение груди. Смерть, милостиво не позволила ей что-то увидеть или почувствовать. Смерть иногда бывает к людям милосердна.

Щербатый

Ему повезло! Ему дико повезло! Он заметил, что последнее время ему везёт. Везёт именно здесь, на этом участке дороги, которая изгибаясь длинным и плавным правым поворотом, пересекает лесок, который находится в небольшой низинке. Вот и сейчас, перед этим плохо просматриваемым участком, сзади его догнала белая машинка, и пристроилась ему в хвост. У него бешено заколотилось сердце,

– «Да! Да! Это оно! Вот сейчас!.. Чуть-чуть ускоряемся, так, чтобы в глаза не бросалось. Ещё чуть-чуть, всё. Хорош. А теперь, главное, чтобы встречка. Есть! Есть встречка!» И чувствуя всё возрастающее сексуальное напряжение, он подрагивающей рукой перекинул рычажок указателей поворотов вправо, и буквально впился в зеркало бокового обзора.

– «Ну что же ты! – лихорадочно думал он, – Давай же, не бойся, ну!..» И словно послушавшись его, маленькая машинка вывернула из-за его фуры на встречную полосу и, ускоряясь, пошла на обгон.

Она

Она, догнала попутную фуру и спокойно поехала за ней. Она, в общем-то, и не торопилась, её не раздражала медленная езда. Однако домой всё равно попасть хотелось побыстрее, и она порадовалась, что фура начала ускоряться. Она улыбнулась.

«Ну вот, сейчас грузовик разгонится, и мы поедем нормально. Такие машины могут ездить довольно быстро».

Фура приветливо замигала правым поворотником, приглашая себя обогнать. «Давай, мол, вперёд, дорога свободна, встречных нет!» Она, не переставая улыбаться, вывернула руль влево, и добавила газу. Фуру она почему-то обогнать не смогла, тогда, она почти до упора вдавила акселератор в пол, и только тогда, начала медленно её обходить.

Щербатый

Когда маленькая машинка начала его обгонять, он надавил на газ, и мощная машина, ускорившись, не дала этого сделать, тогда водитель в легковой машине тоже прибавил скорость и начал его обходить. Он, почти не переставая смотрел в боковое зеркало и вдруг разглядел, что пытающейся его обогнать машиной управляет светловолосая женщина. Это было прекрасно! Это баба, и она сейчас сдохнет! Встречный автобус уже близко! Сейчас, сейчас! И он заорал во весь голос, когда из низинки вылетел «ПАЗик» и врезался в машину, которая его обгоняла.

«Да! Да! Да! Так тебе сука!.. Сдохни!.. Это баба!.. Как же хорошо!..»

Он очень хотел остановиться. Очень. Но, понимал, что надо уехать подальше. Так, на всякий случай. Но, как же Господи, хочется остановиться, и прямо сейчас начать!.. Чтобы видеть всё это. Но, нельзя. Нельзя. Дальше надо, дальше. И он уезжал дальше, а когда проехал пару километров, остановился у обочины и, даже не заглушив машину, приподнялся на сиденье, опершись спиной в спинку кресла, спустил штаны вместе с трусами и занялся тем, чего он давно так хотел. Он закончил быстро. Такое сексуальное возбуждение не с чем было сравнивать. Это было как сильнейший наркотик, который он по недосмотру своей судьбы получал очень редко.

Закончив, он откинулся на спинку и засмеялся. Он был счастлив. Ради этого стоило жить! А потом он опять посмотрел в зеркало, бокового обзора, и увидел, как где-то там, над дорогой, поднимается чёрный столб дыма. И он опять возбудился. Сегодняшний день для него явно удался. Он не торопясь выбрался из кабины, обмочил заднее колесо фуры, а потом, счастливо улыбаясь, поехал домой.

Он

Он сидел за столом и катал пальцами по столешнице карандаш. Руки у него жили своей жизнью, вот сейчас одна из них, задумчиво перекатывает карандаш. А недавно, правая рука его напоила, взяла кружку, наполнила её из-под крана водой, и напоила его. А ещё, до этого, руки его кормили, а может, и нет… Он не помнил, ел он вообще что-то последнее время или нет. Ему, это было не интересно. Он, наверное, не жил, живой человек знает, что у него живое сердце, положив руку на грудь, он может его даже почувствовать. А у него сердце замерло, он его перестал осознавать в ту же самую секунду, когда ему сообщили, что его жена умерла. Она, погибла в ДТП на дороге. Его время остановилось, оно вернуло его туда, где она ещё была!.. Была и улыбалась, и смеялась, и любила его.

Всё было сделано как надо. Он был сосредоточен, и истерик не закатывал. Похоронил жену правильно, по православным традициям, так как она и хотела, вернее, он думал, что она хотела бы, чтобы это было именно так! Его рука вдруг перестала катать карандаш, и он, встав, постоял несколько секунд, сжимая и разжимая кулаки. А когда понял, что вновь стал владеть своими руками, он подошёл к окну, и улыбнулся своей жене, которая была где-то там… за окном… высоко, а потом, он начал собираться на работу. Он понял, что теперь, у него появилось дело, и оно не будет давать ему покоя. Он не верил, что его жена, которая всегда отличалась аккуратной ездой, выехала вдруг на встречку.

Он пришёл на работу, и пока шёл по коридору отдела, чувствовал на себе сочувственные взгляды своих коллег. Он знал, что, если бы была какая-то другая ситуация, они бы ему помогли, но в этом!.. В этом были бессильны все, и он в том числе. Он должен был пережить это сам, один. Он знал, что им было неловко из-за того, что с ним произошло такое горе. И это нормально, так и должно быть. И ещё он знал, что они, боясь признаться в этом себе, радуются тому, что это произошло не с ними. И это тоже нормально, он их за это не осуждал. Потому что ни один нормальный человек себе такого не пожелает. Он остановился перед своим кабинетом, на двери которого была закреплена латунная пластина с лаконичной надписью: «Старший следователь, подполковник…» Постоял перед ней, словно раздумывая, стоит ли заниматься этим делом, а потом, решив, что стоит, отомкнул дверь и зашёл.

А уже через час, он сидел в кабинете начальника ГИБДД и изучал материалы, собранные на тот момент по факту ДТП в котором погибла его жена. Место, где она разбилась, территориально относилось к зоне ответственности их отдела, и ему не пришлось ехать куда-то и уговаривать кого-то для того, чтобы получить доступ к делу.

«Так, схема… с этим всё ясно и понятно… Место столкновения… так… это куда отбросило машину. Фотографии он не смотрел, он не мог, да они ему, собственно, ничего бы и не дали…. Так, объяснение водителя автобуса… Он отделался легкими ушибами. Ничего такого… Фура, и из-за неё вылетает машина… не тормозил… не успел… С этим всё ясно… претензий к нему нет. Свидетели… Можно сказать, что их и нет. Только один, ехал в полукилометре за его женой… Она пошла на обгон… Он остановился, но помочь уже ничем не мог. Фура ушла, не останавливаясь… Понятно… Её водитель, вполне мог и не знать, о столкновении… Так, ещё свидетели… Ничего толкового… Останавливались, увидев аварию… Ничего!»

Он откинулся на спинку кресла, и уставился в окно. На удивление, мысли были ясными и чёткими, и они не давали ему успокоиться, и просто принять судьбу человека, которого он любит. Любил… и продолжает любить. Принять и просто помнить о ней.

«Не должна она была идти в этом месте на обгон! Не должна была! Вот хоть ты тресни, не должна! Знает она это место!.. Все знают!.. Поганое это место! Затяжной поворот. Тем более что у неё руль справа. Как же так моя хорошая?! Зачем же ты это сделала?! – он глухо зарычал и встал из-за стола. – Как же сдохнуть-то хочется!»

Опять Он

На следующий день, он с утра пораньше уже ехал на это место. Честно говоря, ему казалось, что он никогда уже не поедет по этой дороге. Но, всё-таки поехал. Он просто должен был положить там цветы. У неё не было каких-то любимых цветов. Она любила их все. Поэтому, он всяких разных и набрал. И рассыпал их на обочине, где она умерла. А когда он возвращался домой, ему позвонил дознаватель ГИБДД. Он усмехнулся:

«…Конечно, мне это интересно! Это, пожалуй, главное! На этом участке, за последний год произошло шесть ДТП! Пять трупов, и семь пострадавших! А до этого, лет за десять всего два происшествия. Значит, надо в архив». И он увеличил скорость, но, разбежаться на дороге не смог, перед ним замаячил КАМАЗ с прицепом. Он скинул скорость, и стал ждать удобного момента для обгона. Однако долго ему ждать не пришлось, прицеп мигнул правым поворотником, и он, чисто машинально вывернув руль влево, пошёл на обгон. А потом, не завершив его, затормозив, опять вернулся на свою полосу, и остановился на обочине. Он сидел, вцепившись побелевшими пальцами в руль, и тупо смотрел на пролетающие мимо машины. Он думал только об одном. Его жену убили, убили специально и холоднокровно. И так просто. Мигнули правым поворотником, и всё!.. И она умерла!..

Вернувшись на работу, он сутки изучал архивные дела. Скрупулёзно, листочек за листочком, справку за справкой. Он умел это делать, профессия обязывала. И он нашёл то, что ему было надо. Фура!.. В четырёх случаях фигурировала одна и та же фура. В первом случае, даже её водитель был опрошен. В другом случае попала на запись регистратора одного из участников аварии, и в двух случаях, её описали свидетели. Тент у неё раскрашен, как Британский флаг, приметный. Это уже не случайность! Это закономерность. Четыре ДТП с тяжёлыми последствиями, и одна и та же фура. Он был уверен, что и в оставшихся двух случая она тоже была. Но, проверять этого он не будет, достаточно и того, что есть.

Щербатый

Щербатый готовил свою машину к выезду, он был опытным водителем, профессионалом, и его за это начальство ценило, и он мог выбирать для себя маршруты поездок. Он всё делал сам, один. Его коллеги с ним старались не общаться, он знал, что он неприятный человек, и ему это знание нравилось. Он угрюмо ходил вокруг своей фуры, когда вдруг увидел незнакомого худощавого человека, который медленно шёл по территории автопредприятия и внимательно разглядывал стоящие в ряд тягачи. Вот незнакомец остановился напротив кабины его фуры и стал её рассматривать.

Он сразу не понравился щербатому. Веяло от него чем-то непонятным и страшным.

— Ты кто? Чё тебе здесь надо? — спросил щербатый выходя из-за соседнего грузовика. Человек повернул в его сторону голову, и стал уже его внимательно рассматривать. А когда щербатый встретился с человеком взглядом, он сразу же отвёл глаза. Не по себе ему стало, неправильные были глаза у незнакомца, пустые они были, жизни в них не было.

— Твоя машина? — тихо спросил человек. И щербатый вдруг понял, что его собеседник знает, и что машина его, и что он в рейс собирается, и даже знает то, что он совершал последнее время.

— Моя! А тебе-то чё.

— Ничего, — спокойно ответил человек, продолжая его разглядывать. Он смотрел на щербатого несколько тревожных для того секунд. Наконец, как будто придя к какому-то решению спросил:

— Зачем, ты убил столько людей? Для чего ты это сделал? Зачем, тебе это было надо? Мне надо понять, чтобы принять по тебе решение.

Он говорил спокойно и уверенно, ровным, ничего не выражающим голосом, и щербатый понял, что отпираться бессмысленно. Этот всё знает! Но, он всё равно попробовал:

— Ты чё это такое говор…

— Заткнись! — перебил его человек, и щербатый послушно замолчал.

— Недавно ты убил мою жену. Ты, дождавшись встречной машины, предложил ей тебя обогнать. И она поверила тебе, и умерла…

«Так это мужик той бабы! Той, которая сдохла последней! И ему плохо, он страдает, от этого. Он мучается из-за того, что я её убил!» Щербатый вдруг опять почувствовал возбуждение. Ему было чертовски сладко думать о том, что он доставил страдание этому человеку. Он довольно ухмыльнулся. Тогда человек, не меняя выражения лица, как будто нехотя взмахнул рукой, и щербатый, получив неожиданно мощный удар в челюсть, нелепо взмахнул руками, и, несмотря на свою массивность, тяжело рухнул на пропитанную соляркой землю.

Он

Он смотрел в поганую морду этой твари, и ему всё было ясно. Это озабоченный недоносок. Вон, как его глазки разгорелись, когда речь зашла о погибших. Нравится ему это. И когда тот растянул свою харю в глумливой ухмылке, он его ударил. Мужик отлетел от него и упал, его физиономия перекосилась, и он, уже не сдерживаясь, засмеялся, а потом, сплюнув кровью прямо себе на куртку, довольно прошепелявил:

— Да! Это я убил твою бабу! Я!.. Я!.. Ты даже представить себе не можешь, какой это кайф!

— Я принял по тебе решение, — спокойно сказал он, наклонившись над щербатым, — ты виновен.

Потом он отвернулся от лежащего на земле человека, и пошёл к воротам. В нём не было ненависти к этому созданию, в нём не клокотала жажда мести, его умершее сердце уже не могло переживать такие сильные чувства. Он знал только одно, эта мразь жить не будет. Когда он вышел за ворота автотранспортного предприятия, его застывшая душа уже выбрала способ, как щербатый перестанет быть на этом свете.

Его ударили! Ударили жестоко, жутко, смертельно, и подставлять для удара другую щёку он не собирается! Он ударит в ответ…

Он не намерен прощать ближнего своего, как того требуют заветы высшего рабовладельца, считающего человека своим рабом, и никогда он не будет пастись в ЕГО стаде!

Судьба

Судьба усмехнулась: «Напрасно Смерть думает, что я самая сильная. Нет. Она ошибается. Вот два человека, и один из них, уже изменил судьбу другого. А до этого, тот, который сейчас лежит, изменил судьбу симпатичной светловолосой женщины. И я, вынуждена подчинятся им. И Смерть вынуждена подчинятся!.. И она придёт тогда, когда её призовут! Этот, который сейчас лежит на земле и хрипло смеётся, через месяц будет зажат в искорёженной кабине своей фуры, которая врежется в неизвестно откуда появившийся на проезжей части прицеп с трубами. Он начнёт обгонять грузовик, но не успеет уйти со встречной полосы...»

Смерть

Смерть сидела рядом с умирающим человеком и слушала, как он кричит. Человек кричал громко и тоскливо, он понимал, что он умрёт, и ему очень не хотелось умирать, ему хотелось жить, ему было больно, дико, невероятно больно... Он видел торчащие из своей груди неожиданно белые рёбра, и хрипел, хрипел. Потом, он начал гореть. Но, смерть не забирала его, она сидела и молча, равнодушно смотрела, как у человека сгорают ноги. Как огонь поднимается выше и выше, как загорелась его голова, как под сгоревшими волосами начала пузырится и лопаться кожа... И только после этого, Смерть с неожиданной для себя самой злостью, взмахнула своей косой!

Он

Он стоял рядом, с искорёженной кабиной тягача, и смотрел, как умирал убийца его жены. Он видел, как из раздавленной рулевым колесом грудины щербатого торчат рёбра, но тот на удивление всё ещё был жив. Щербатый, оскалившись в мучительном крике беззубым ртом, не сводил с него глаз, и что-то пытался сказать. Он его явно узнал, он понял, кто был за рулём старенького тихоходного грузовичка, который долго не давал ему себя обогнать, а потом, мигнул правым, и предложил обгон.

...И он почувствовал облегчение. Он пошёл дальше доживать свою жизнь. Один. Без неё. Он шёл по ровному полотну дороги, и видел, что где-то там, впереди, дорога упирается в небо, и если идти бесконечно долго... Он грустно улыбнулся. Когда-нибудь потом, когда придёт и его время, они встретятся, они всё равно будут вместе. Он придёт к своей женщине! Придёт вот по этой самой бесконечной дороге. Судьба и Смерть об этом позаботятся!

Марина КУДИМОВА. Заметки литератора

Поверх и вне (беглые заметки об авторе)

Замысел об Авторе – центральный в искусстве. Так получилось, потому что после Ветхого Завета явился Новый. Так получилось где-то между первым и вторым Адамом. Человек почувствовал, что растворяется в эпосе. Он еще помнил, что его дело – не рас-творяться, а со-творяться. Мысль, противоречащая центральной, стихийна и, весьма вероятно, удачна, как прорыв по краю в игровых видах спорта. Центральный же защитник свободен, поэтому стоит, сколько может, на месте. Его надо бить в мениск. Или рвать ахиллесово сухожилие. Тогда прорвешься.

Бахтин сказал, что Автор – модель Создателя, и герой в романе обладает свободой воли, как всякое создание. Барт сказал, что Автор умер, а если нет – надо ему в этом помочь. Конечно, если нет Автора, то нет и критика, то есть, лошади на бегах уравниваются в правах и призовое сено делится на всех.

Нет человека – нет проблемы. Нет Автора – нет замысла. Умер Бог – умер Автор. Замысел об Авторе – и авторский замысел. Нет Автора – и Акакий Башмачкин, ревностно следующий наклону буквицы, «главнее» Пушкина. Какую штуку удрал с нами Пушкин! Он любил свободу не только для себя...

Автор – тот, кто занимает большое пространство. Он – феодал, латифундист. Феодал, как правило, многодетен, только большинство его детей – бастарды. Можно сказать: Автор – это тот, до кого – никто. И впасть в гордыню. Можно: Автор – это тот, за кем – никого. И впасть в ересь. Автор – тот, кто движется к центру. Остальные – по отношению к нему.

Ян Парандовский писал, что Автор – самый почетный титул писателя: «Этим именем величали победоносных военачальников». Авторский титул представители иных искусств приобрели через литературу. Когда Джойс декларировал: «Художник, как Бог –творец, остается внутри, позади, поверх и вне своего создания, невидимый, утончившийся до небытия», – он говорил о еще ненаписанном «Улиссе», а сказал о Гомере. Вернулся в эпическое время. «Внутри, позади, поверх и вне» – четырехмерность сверхличного, наиболее грандиозного выхода Духа.

Писательство постепенно заменило первоначальное призвание пророку, апостолу, впоследствии – политику. Политики не сходят с арены, не воспользовавшись станком Гуттенберга. Но, подражая писателям, они искали не авторского титула, а социальных гарантий, которые еще так недавно сулило писательство. Политику эти гарантии нужны по принципу дополнительности, графоману – чтобы вытеснить комплекс неполноценности.

Количество носителей графского титула первоначально определялось административно. Количество генералов в армии – субординационно. Потом и те, и другие расплодились волюнтаристски. Дар как предпосылка титула Автора никогда не был регламентирован, процент произвола всегда был высок. Но лишение прав и состояний автоматически не превращало аристократа в плебея по самоощущению.

Безымянность, социально удобная, творчески неудобоварима. Патриархальная литература приняла патриархальные, геронтократические свойства власти. Зачастую цензурные рогатки, придирки к самому безобидному содержанию, если таковое вообще просматривалось, объяснялись вовсе не идеологической одержимостью, но невнятной задачей недопущения авторства в новом поколении.

Традиционная фигура унижения в критике – нарекать шельмуемого литератора: «некто», будто в задачке Мальвины. Ответ Буратино памятен: «А я не дам некту яблоко, хоть он дерись!» Авторство – феномен вторично социальный, а первично – психологический. Преодолеть его не под силу никому. Как только андеграунд вылезает из подземелья, он принимается печься о славе не хуже тех, кого отрицал со всевозможным пафосом.

Р.У. Эмерсон писал о «культуре понимания» как основном законе критики. Новая критика создала особую культуру непонимания, особую службу невосприимчивости в первую очередь к авторскому искусству. Культура непонимания – это культура вчитывания, выковыривания того, чего в тексте нет. Но вчитывание, в отличие от вычитывания – вечного бескорыстного духовного делания читателя, – прямо пропорционально амбициям вчитывающего.

В 90-е все кричали в страдательном залоге: «возвращенная литература»! Как это – «возвращенная»? Кем? Кому? Может, возвратившаяся? Помиловавшая мятежников? Рано или поздно Автор всегда возвращается. Немая сцена. Картина «Не ждали».

С новым авторским годом вас!

Слу-шай!

Дар и мастерство – два слагаемых творчества. Первое не зависит от носителя. Иногда нам кажется, что даром награждены люди совершенно не заслуженно. Так себе в человеческом измерении. Но это – не нашего ума дело. Дар – подарок. Подарки получают все – и те, кто не слушался мамы, и те, кто плохо кушал кашу. Второе – мастерство – обретается на ходу, в процессе. Но только если ход и процесс становятся мучительной, сладкой, не прерывающейся (даже наоборот!) и в период немоты работой. Удача – лишь сопутствующий, но не решающий фактор. Однако есть свойство, без которого так называемая литературная деятельность становится жалкой и несмешной пародией. Я имею в виду способность слышать самого себя.

О феномене авторской глухоты я впервые прочла когда-то в «Поэтическом словаре» А.П. Квятковского. Но примеры, приведенные там, локальны и касаются ошибок по невнимательности или отсутствию редактора, оговорок или элементарной неосведомленности самых признанных авторов. «Поэмы замерли, к жерлу прижав жерло» у Маяковского (в такой позиции орудия разорвали бы друг друга) или «И Терек, прыгая, как львица /С косматой гривой на хребте…» Лермонтова (у львицы не бывает гривы).

Отсутствием внутреннего слуха страдают не только те, кому не досталось дара, но и те, кто ригиден - остановился в развитии, замер на исходной точке. При этом слух внешний у них может быть достаточно развит: не слышащие самих себя бывают (хотя и не всегда) способны четко воспринимать и оценивать чужие стихи или прозу, обладать неплохим вкусом. Но внутренний «часовой» их крепко спит. Они не ограничены, не защищены высокой и непроницаемой самокритичностью, и им кажется, что они пишут «как большие» - «не хуже людей». Можно ли исправить или преодолеть такой ущерб, я не знаю. Но всякий раз, когда слышу или читаю бракованные, негодные к литературному употреблению тексты, вспоминаю ставшую народной песню на стихи И. Гольц-Миллера:

Внизу часовые шагают лениво;
В ночной тишине, то и знай,
Как стон, раздается протяжно, тоскливо:
- Слу-шай!..
<1864>

Под божественной каплей. К 120-летию Н.А. Заболоцкого

Два у нас Николая Алексеевича – Некрасов и Заболоцкий. Впрочем, Александров Сергеевичей тоже два – Пушкин и Грибоедов. Но не в совпадениях суть данного замечания, а в беспрецедентном феномене. «Мальчик из Уржума», – так, помнится, называлась советская книжка про детство Кирова. В Уржуме Коля Заболоцкий окончил реальное училище. Во взрослом Заболоцком воплотились два стилистически совершенно разных поэта. Один – модернист, обэриут, поклонник идей Циолковского (Заболоцкий состоял в переписке с «калужским мечтателем»), автор книги «Столбцы» – своеобразного манифеста русского абсурда, который (манифест) во многом Заболоцким и был написан. Другой – классический русский лирик, натурфилософ, самый близкий к Тютчеву, иногда пугающе близкий. Между этими метаморфозами – арест в 1938-м. На следствии поэт проявил редкостное мужество, ничего не подписал и даже избил следователя шваброй (!).

Битва, драка природы с пожирающим ее человеком роднит Заболоцкого с Андреем Платоновым. Но Платонов считал, что человек обречен на победу в этой драке, а Заболоцкий сострадал природе, как ни один из поэтов до него: «Был битвой дуб и возмущеньем – тополь».

После пяти лет тяжелейшего заключения на поселении в Караганде завершил работу над поэтическим переводом «Слова о полку Игореве», по многим признакам непревзойденным. Как непревзойденным по трагизму осталось и стихотворение 1956 г. «Где-то в поле возле Магадана»:

Дивная мистерия вселенной
Шла в театре северных светил,
Но огонь её проникновенный
До людей уже не доходил.
Вот такая натурфилософия!

Связана ли полная «перезагрузка» поэтики Заболоцкого с перенесенными страданиями? Напрямую ничто ни с чем не связано, даже крик петуха с рассветом. Но призвание поэзии – связать воедино творение Божие, расчленяемое отцом лжи, увы, при содействии человека. Многое из того, что сделает Заболоцкого классиком русской поэзии, безусловно заложено уже в «Столбцах». Вениамин Каверин вспоминал, как П.Г. Антокольский (на самом деле его жена) первым сравнил ранние опыты «розовощекого мальчика» Заболоцкого с творчеством капитана Лебядкина. Заболоцкий якобы не обиделся, в чем лично я сильно сомневаюсь.

По рассказу Каверина, молодой поэт сообщил, что ценит стихи капитана выше многих современных поэтов. Это явный выпад в сторону Антокольского, и подобные реплики свидетельствуют о сильно задетом самолюбии, но, в интерпретации самого Павла Григорьевича, Заболоцкий сказал нечто куда более важное: «…то, что я пишу, не пародия, это мое зрение». «Я так вижу» стало расхожим мемом самоволия бездарности. Но первым это сказал Блок, которого затерзали вопросами о появлении Христа в поэме «Двенадцать»: «Вижу так». Одна и та же, по сути, коннотация и фиксация творческого права. Кстати, в одном из писем Циолковскому Заболоцкий писал:

«Стихи не стоят на земле, на той, на которой живем мы. Стихи не по¬вествуют о жизни, происходящей вне пределов нашего наблюдения и опыта, — у них нет композиционных стержней. Летят друг за другом переливающиеся камни и слышатся странные звуки — из пустоты; это отражение несуществующих миров».

С Циолковским они сошлись на идее бессмертия. Поле «возле Магадана» идею несколько поколебало, но и со смертью примирило. Душа поэта неожиданно перестала «ожесточаться»:

Я не умру, мой друг. Дыханием цветов
Себя я в этом мире обнаружу...

«Сердце поэзии – в ее содержательности», – справедливо полагал Заболоцкий. Содержательности – кладовой смыслов – чает в поэзии народное сознание. Стихотворение «заумного» Заболоцкого «Признание» стало гимном русского «шансона». Жена поэта Екатерина полюбила писателя В. Гроссмана. Заболоцкий в отместку позвонил едва знакомой женщине – Наталии Роскиной – и вскоре сделал ей предложение. Не сладилось у них. Но Роскиной поэт посвятил знаменитое «Признание»:

Что прибавится - не убавится,
Что не сбудется - позабудется...

Русские зэки вряд ли знают, что автор «зацелована, заколдована» – «свой». Да и фамилию наверняка не хранят в памяти. Та же история – с песней «В этой роще березовой» из фильма «Доживем до понедельника». В версии, прекрасно исполненной В. Тихоновым, для краткости выпущены строфы, в том числе и гениальный финал:

Где под каплей божественной
Холодеет кусочек цветка, —
Встанет утро победы торжественной
На века.

Известно, что Заболоцкий маниакально уничтожал свои черновики. Но «кусочек цветка», малый фрагмент, уничтожаемый, но не уничтоженный всей металлической мощью войны, играет в Победе такую же роль, что и крохотная иволга, спевшая поэту «песню жизни», и, благодаря зрению поэта, не меньшую, чем Берлинская наступательная операция.

Жена, кстати, вернулась к поэту, жить которому оставалось считанные месяцы.

«Тайная свобода» и «немая борьба»

Ходасевич писал, что Блок «умер от смерти». Но «от смерти» умирают все, а оттого, что больше не может писать стихи, умирает только поэт. 7 августа 1921 года не стало великого поэта Александра Блока. Русский визионер, провидец и страдалец Даниил Андреев предъявил символистам, лидером которых принято считать Блока, серьезный счет: «Все это – таланты, ослепленные самими собой, мастера, создающие во имя свое, рабы самости; это не гении, а самозванцы гениальности». Исключение Андреев делал только для Блока, только его включил в Русский Синклит. За символизм в прежние годы выдавался блоковский глубокий мистицизм и вообще все неразгаданные тайны его поэтики. Критик Кирилл Анкудинов создал миниатюр «Другие», посвященный недооцененным или вовсе забытым поэтам. Про Глеба Анфилова сказано, что он «попал в зазор между Блоком и Северянином...». В этот «зазор» между онтологическим молчанием и «поэзоконцертом» провалились десятки далеко не бездарных стихотворцев.

Русская поэзия обильна до избыточности. В этом ее сила, в этом же ее слабость. В конце концов, и Лермонтов при его отношении к своим стихам мог бы спокойно «попасть в зазор» между Пушкиным и Тютчевым. Когда в доме скапливаются промышленные запасы продуктов, неизбежно что-то портится и выбрасывается. Когда голодно – собираются крошки со стола.

Поэт не сам создает свой миф, но участвует в его создании. Призывая «не заводить» условные «архивы» и не «трястись» над текстом (Пастернак), первым «заводит» и «трясется». Выбывают те, кто послушно следует этому правилу, но не следует правилам нанятых мифотворцев, которые одни знают, «кому быть живым и хвалимым». Миф Блока среди многих компонентов включает и мнимую «нежизнеспособность», неприспособленность к житейскому, «эфирность». Но эфирное создание не напишет «Скифов» и «На поле Куликовом» - одни из самых брутальных текстов русского поэтического Пантеона. Вспомним ахматовское: «Разбойный посвист молодого Блока». Об «эфирных» так не говорят! Нет, Александр Блок остался самой авторитетной и весомой фигурой Серебряного века, во многом эту эпоху создавшей и сформировавшей. В последнем своем стихотворном выдохе, когда воздуха оставалось на один глоток, Блок метафизически соединился с юным Пушкиным, встал с ним в один строй (многих сочинителей-современников он не зря зачислил в «нестроевую роту»).

Любовь и тайная свобода
Внушали сердцу гимн простой... (А. Пушкин)

С этой «тайной свободой», которой Пушкин начинал, а Блок закончил свой трагический путь, носились как с писаной торбой сонмы «ведов». «Свобода не бывает тайной», – полагает персонаж В. Пелевина. Свобода не бывает явной – тогда она по-другому называется, – говорит Пушкин всем весом своего гения и всей легкостью своего полета. Это понял только Блок, описавший «явную» свободу в поэме «Двенадцать», о которой Георгий Иванов сказал, что за создание поэмы Блок «расплатился жизнью». То есть онемел. Но по крайней мере однажды высказался об ошельмованной поэме предельно четко: «...те, кто видит в “Двенадцати” политические стихи, или очень слепы к искусству, или сидят по уши в политической грязи, или одержимы большой злобой, – будь они враги или друзья моей поэмы». Кстати, точнее и глубже других «Двенадцать» понял Мандельштам, назвавший поэму «монументальной драматической частушкой», которая «бессмертна, как фольклор». В почти завершившемся онемении, на пороге жизни – или уже за ее гранью – Блок присовокупил к пушкинской свободе, единственно возможной человеку не разрушающему, «немую борьбу», а к пушкинскому Дню Чудесному – «непогоду» своих – и России – последних лет:

Пушкин! Тайную свободу
Пели мы вослед тебе!
Дай нам руку в непогоду,
Помоги в немой борьбе! (А. Блок)

Евгений ГОЛУБЕНКО. Быть причастным к сотворенью чуда

* * *

Поэзия – твой белоснежный век
От оттепели тянется к морозам,
Где первых строчек долгожданный снег
До чувств шестых пронизывает воздух.
И золото в тебе, и серебро,
И гениальность, и неповторимость.
Поэзия, несущая добро,
Сродни тропинке чистой в поле минном.
Век белоснежный, век моих стихов
От оттепели тянется к морозам.
В нём пишется и дышится легко,
Но послеснежье обещает слёзы.
И я, пока ещё не грянул гром,
Писал стихи, пишу и, может, буду…
Ведь для того мы на Земле живём,
Чтоб быть причастным к сотворенью чуда.

* * *

Нас ещё отпоют, а пока
Уязвимость оставим на старость.
Пирамидам века и века,
Но стоят, несмотря на усталость.
Каждый миссию знает свою,
Знает путь, что судьбой уготован.
Нас, глашатаев, лепят в раю
Из любви и подручного слова.
Трудно вам, ну, а нам каково
В этой жизни бездушной и тленной…
Коль поэт не от мира сего,
Значит он — отголосок Вселенной.

* * *

Старость не в радость.
Мороз во дворе, солнышко реже.
Цвет седины, будто пепел в золе.
Явственней брезжит.
Долго удерживать пламя огня
Выйдет едва ли.
Дальние дали, голубка моя,

Мы отлетали.
Крылья в просушке, блины на столе,
Милая рядом.
Счастье по венам, душа в серебре…
Что ещё надо?

ДЕВЯТЫЙ ДЕНЬ

Девятый день душа её в раю….
Девятый день её в опале тело…
Молю тебя, мой Бог, тебя молю:
Ты ничего плохого ей не делай.
Она чиста, как падающий пух
Тех тополей, что опушились в мае.
Молю, мой Бог, возьми из нас, из двух
На крест меня, я славно распинаем.
И медленно сгорая на кресте,
Я только за неё молиться буду.
Мой Бог, мой добрый Бог, она из тех,
Которые в Миру зовутся чудом!

ПЯТЫЙ ГОД

Пятый год сплошная непогода…
(не приткнуться, не найти плеча).
Ты в раю, а я стою у входа
Перед ним без нужного ключа.
Заболелось и затосковалось…
Всё настырней облачная муть.
Дождь-бродяга всю свою усталость
Обронил в последний мамин путь.
Непролазь и знобность на погосте,
Гробовая глушь и тишина…
Будто в отчий дом приходит в гости
К седине другая седина.
Наша память – наша панацея,
Где на час, а где на полчаса.
Память с телом поровну стареют,
А с душой уходят в небеса.
Пятый год, друг друга понимая,
Вместе коротаем боль и дни.
Хочешь сердце вытащу, родная,
Чтоб к тебе дорогу осенить?

Ирина ДУБРОВСКАЯ. Отсчет с нуля

НЕЖНОСТЬ В СЕРДЦЕ ОСТАЕТСЯ

* * *

Когда хочешь слово сказать,
а поищешь – некому,
или с болью душевной сладить –
мол, сгинь, в расчёте мы,
тогда пишешь стих.
Написал. И куда с ним?
Некуда.
И не надо – сказал ведь, сладил ведь,
что ещё тебе?
Нет, не так всё, совсем иначе,
причины вовсе нет,
просто строчка буравит мозг,
по тревоге поднятый.
Отбуравила.
И какое в ней удовольствие?
Только то, что вернулся сон,
ею прежде отнятый.

* * *

А когда уж слово не даётся,
Не идёт лирическая роль,
Только нежность в сердце остаётся,
Только человеческая боль.
Значит, сердце всё ещё живое,
Не труха, не камень и не лёд.
Глад ли, мор, безумье ль мировое, –
Как свеча, во тьме тебя ведёт.
И когда не ждёшь уже рассвета,
Думаешь, как узник взаперти:
Ах, сберечь, сберечь хотя бы это
И свечу до края донести.

* * *

Старый друг не отвечает на письмо.
Может, что-то с ним случилось, может, нет.
Может, кончилось и умерло само
То, что связывало нас десятки лет.

Так бывает в окаянные года:
Время пеплом оседает на губах,
И река его, нахлынув, как беда,
Оставляет нас на разных берегах.

РОДНАЯ УЛИЦА

К теплу озябший город тулится,
Ноябрь показывает власть.
Родная Нежинская улица
В наряд осенний убралась.
Иду по ней, гуляю медленно,
Мне нынче некуда спешить.
Деньгой позвякиваю медною,
Чтоб стук сердечный заглушить.
Вот дом ракушечный, где в бедности,
Но в благости росло дитя.
Вот двор с чертами заповедности,
Где, вихри жёлтые крутя,
Играет вьюга листопадная
Моей взволнованной душой.
Родная, вечно ненаглядная,
Как сон младенческий, отрадная
Среди реальности чужой.

В КОМНАТЕ

Так тихо в комнате – аж мертво,
На стол неслышно садится пыль.
Такое чувство, что никого
Вокруг на многие сотни миль.
Но это лишь слуховой обман,
Пора, как видно, уже ко сну.
А за окном моим – ураган,
Ревёт и воет, подняв волну.
Как глас Пророка свирепый вой,
И тем пустынней вокруг земля,
Чем злее небо над головой,
Чем ближе жизни отсчёт с нуля.

В ВЕСЕННЕМ ПАРКЕ

Всё лишнее отринуть и забыть,
Всё внешнее стряхнуть, как мишуру,
И пить вино. А может, и не пить,

А просто прогуляться поутру
В весеннем парке: воздуха глотнуть,
Налюбоваться деревцем в цвету,
Послушать птицу, вспомнить что-нибудь,
Похожее на юность и мечту,
И осознать, что путь почти свершён.
Да-да, ещё немного погостишь,
Надышишься, пошлёшь Ему поклон
И вслед за этой птицей улетишь.

Владислав КИТИК

> *«...и с ним большая карасиха»*
> *А.А.А.*

Свистни так, чтобы винтом
Лето стало на котурны
И в пространстве золотом
Кувыркнулся белый турман,

Непритворно чтоб кружил
Над придворной голубятней,
Чтобы крылья не сложил
И не вздумал на попятный.

Изо всех стараний дунь,
Словно выдохни из сердца,
Пусть полощется июнь
На ветру, как полотенце.

Пусть пахнёт сырым бельем
Шебутной одесский дворик,
В даль истории ручьем
Продолжаясь без риторик.

Без полемик – мир добрей,
Проще жизнь – без эпатажа.
Стали мы себя зрелей,
Но по-прежнему, всё так же

Лета гибкий водопад
Пахнет мёдом облепихи.
И голу`бят голубят
В гнездах мамы-голубихи.

* * *

Солнцем брызжет чистотел.
Надклевав краюшку бездны,
Сизый голубь пролетел.
Что ты маешься, болезный?

Кто забыл, кто разлюбил?
Чем затронул? Эка фишка!
Даже тем, кто легкокрыл,
Нужен час для передышки.

Что болит – благоволит,
Поневолит и отпустит.
Голубь утренний парит
Над чердачным захолустьем.

То вперед летит, то вспять.
Непонятливая птица!
…Будто хочет поменять
Жизнь, как в блюдечке водицу.

* * *

О.

День прошёл.
Перевернул страницу,
Нарушая гранки, ветерок,
Словно нет ни капельниц больницы,
И не давит тусклый потолок.

Вот он отодвинулся, а выше
Только птичье облако и ты.
Все мы в детстве лазали по крышам,
Замерев у края высоты.

И хотелось лечь на небо навзничь
И парить, ценя сильней всего,
Только песни мамы, сказку на ночь,
Где целебных яблок волшебство,

Где не нужно делаться взрослее,
Пить бульон и слушаться врачей.
Что ж ты вновь, как маленькая фея,
Запрягаешь белых голубей?

* * *

Спасибо морю, голосу без слов,
Пружинисто внедрённому в рапаны,
И птицам, возвращающимся рано,
Чуть выше мачт. Или… колоколов.
Морской прибой то ласков, то несносен,
То груб, то скуп, то ревностен, то грозен,
Катает песней в горле голыши,
И отклик ждёт от родственной души.
Но где ж она, и почему не рядом?

Зачем, храня молчанья распорядок,
В грядущем – тайна, прошлое во мраке?
Как не тревожиться, задерживаясь взглядом,
Где дождь оставил водяные знаки,
Где пароход затерян в настоящем?
Он задымил лебяжий путь к весне.
Стекляшки близорукого пенсне
Зазря иллюминаторы таращат.

* * *

Шляться ночью по Слободке – что за блажь?
…Как-то к небу притороченный фонарь,
Ручейка внизу бегучий такелаж,
В парусах дворов безветрие и хмарь.

Спит обиженный хозяином забор,
В свой нелетный день забытая метла.
Ты прости, что приноравливаю вздор
К геометрии медвежьего угла.

Дай мне руку, тут иначе не пройдем
Вдоль морковных грядок, мимо лунных луж,
И рука с рукой поделится теплом
То ли наших ожиданий, то ли душ.

Если сблизимся – без лишнего труда,
Если будем расставаться – без обид.
Отсырело небо, капает вода,
Прорастая в грядки, родина лежит.

Смотрит церковь на рассеянные дни,
В чугуне перил кудрявится литьё,
Наша Матушка-Заступница, храни
Забубенное отечество моё.

Для кого-то блажь, а это благодать,
Даже если век проспал свою зарю.
Говорите: ни добавить, ни отнять?
Ни отнять и ни добавить, говорю.

* * *

…Только пусть растворится вначале
В серебристом настое волны

Отболевшее чувство печали,
И напрасное чувство вины.
Только пусть под покровом шелковиц
Переулок, где вновь заблужусь,
Счастье мне нагадав за целковый,
Выйдет пробовать море на вкус
В пальтеце своем «семисезонном»,
Потеплее подняв воротник,
По проплешинам мёрзлых газонов,
По которым нельзя напрямик.
Пусть сквозняк его очеловечит
Пустоту ледяной мостовой,
Пусть простится, что он опрометчив,
И до крайности занят собой.
И охватит восторженной жутью,
И проскочит разряд у виска,
Когда он постоит на распутье
И со снегом уйдет в облака.

ВЕЧЕРНИЙ ПОЕЗД

С дурной привычкой ждать и догонять,
С побочной колеёй дорожных бедствий
Снуёт вокзал, его часы опять,
Как часовые, избегают бегства.
Поплыл гудок, мечтательный почти,
Прожектор с жёлтым взором безоглядным,
Ручная кладь, колёс речитатив,
Перрон, буфет с начинкой шоколадной,
На пыльной клумбе лохмы хризантем,
Тотемный обруч тающего солнца,
Печаль с надеждой, той, что насовсем
Исчезнут из-под глаз круги бессонниц,
Как бред прощаний, как дистанций бренд
И догоревшей ночи киловатты.
Ложатся тени прошлого вослед.
Я просто не умею расставаться.
И потому дорожный антураж
Неузнаваем, как актёр без грима.
И, не спеша, за окнами пейзаж,
Чтоб оглянуться, проплывает мимо.

ПЛЯЖ «ОТРАДА»

Окрасив чаек розовым,
                        заря
Перешагнула горизонта бруствер.
И участив сильней нашатыря
Сердцебиенье,
                        бриз приводит в чувство.

Дежурных фраз пустые кошельки,
Капризного ребёнка лицедейство,
Песок сыпуч не меньше, чем пески
Нехоженой пустыни иудейской.

С подогнутыми ножками топчан
Познал кряхтящих тел земную бренность
И возвращает звёздам по ночам
Людских забот ленивую нетленность.

По всем приметам близятся шторма,
Свобода воли выше, чем свобода.
В безумье жизни, что сведёт с ума?
Прибой следы зализывает йодом.

Придёшь сюда хотя б на полчаса,
Хоть ты не стоик, но поверить стоит,
Что эта даль, взглянув тебе в глаза,
Сама без просьбы сердце успокоит.

Юлия МЕЛЬНИК

Прорастает сквозь сердце целебная сон-трава,
Изумрудною ложкой помешивает слова,
Колыбельную тянет на низкой басовой ноте.
Если я усну, вдруг разбудит далёкий звон,
Жизнь разбудит меня, как бы ни был прекрасен сон,
Я увижу – трава рыжей, июль на излёте.
Я когда-нибудь вспомню: жжет солнце, алеет мак…
Кто придумал, что Бог несёт нас всех на руках?
Он нас учит ходить по дорогам, всего вернее.
Но смыкаются веки и кружится голова,
Прорастает сквозь сердце целебная сон – трава,
И так нежно дышит, как я дышать не умею.
Я проснусь и умою лицо ледяной водой.
Ты же знаешь, что я никогда не была святой,
Но порой мне так хочется в небе растаять точкой,
Чтоб забыть, как душа неуклюжа и как тиха…
Где растет сон – трава? В горьких росах и лопухах…
Для души – спасительный сон, для жизни – отсрочка.

* * *

Привиделось, качает головой
Экклесиаст: все суета, все всуе..
А я картинку детскую рисую –
Корову, птицу, солнце над травой.
Мне вдруг не верится, что все пройдет,
Что и корова, и трава напрасно
Так веселы. Картинка не прекрасна,
Но неужели краской утечет
Бесхитростная радость детских лет?
Корова и травинка станут прахом.
И на картинку я гляжу со страхом.
Не покидай меня, небесный свет…
Храни меня, води моей рукой,
Вот в травах дождь, вот у коровы челка…
И сердце, как оранжевая пчёлка,
Взлетает над библейскою тоской
Экклесиаста. Не грусти, старик,
Не говори: все суета, все всуе…
Пока я здесь, я все же дорисую
Наш пестрый мир, что б ты ни говорил.

* * *

Дышать землёй. Лечиться тополями.
Лететь со снегом. Падать со звездой.
Ведь перед тем, как стала жизнь словами,
Она была прекрасной немотой.
Она была бесхитростным молчаньем
Растущего над бездной тростника,
Она, как рыба, пойманная чайкой,
Сжимала губы и была тиха.
А Тот, кто оживил слова и звуки,
Нас, болтунов, из праха сотворив,
С далёких звёзд глядит на наши муки.
Глядит. И ничего не говорит.

Елена КАРАКИНА. Пиль. *Очерки краеведа*

Почему у нас так пыльно? Почему воздух, которым мы дышим, состоит не только из положенных долей кислорода, азота и прочих составных таблицы Менделеева, но еще и из пыли? Что пыль в нашей жизни? Досадная помеха. Она мешает блеску полированной мебели. Она одевает в серое разноцветные фарфоровые безделушки и хрусталь. Она затуманивает зеркала. Она проникает в густой ворс ковров и в плетение паласов. А на улице? Когда гуляешь? Особенно в ветреные дни? Забивается в ноздри, заставляет глаза слезится, унылой патиной садится на обувь и одежду.

Из-за нее листья теряют свой природный цвет, а на траву страшно смотреть, не то что гулять по ней. У нас очень пыльно в городе.

Говорят, в дальнем зарубежье все иначе. Там объявили пыли войну. Там не только подметают улицы, но и моют их – с мылом. Там доводят до зеркального блеска не только витрины, но и фасады домов, и даже, страшно подумать тротуары!

Я долго билась над этой загадкой – почему у них нет пыли, а у нас – сколько угодно? Почему? А ларчик просто открывался! Она – наша гордость!

Судьба Одессы необыкновенна. Поэтому любая мелочь в этом городе, любой пустяк приобретают особенную ценность. Вот Грибоедов устами Чацкого заметил, «что дым отечества нам сладок и приятен». Да что там дым! В Одессе необыкновенна даже пыль!

Лет семьдесят тому назад молодой одессит, обладавший высоким даром стихосложенья, заметил: «Когда в крылатке, смуглый и кудлатый, Он легкой тенью двигался вдали, Булыжник лег и плотью ноздреватой Встал известняк в прославленной пыли.» Какой-какой пыли? Ах, прославленной! И это только потому, что Пушкин написал, что «жил тогда в Одессе пыльной».

Вот что значит быть истинным одесситом! Какой-нибудь москвич или киевлянин наверняка оскорбились бы, если бы их драгоценный город назвали пыльным. А одессит – оценил. Он понял, что, если солнце русской поэзии назвало Одессу один раз – грязной, один раз – влажной и целых два раза – пыльной – это уже слава. Что там вечный Рим с его Форумом и Колизеем, что древние Афины, Лондон и Барселона... Достопримечательности для туристов есть везде. А прославленная пыль – только в Одессе. Чуткое ухо Эдуарда Багрицкого точно уловило пушкинскую тональность и он повторил ее в своих стихах. Кстати, он был не первым.

Еще раньше, правда не в стихах, а в прозе племянник основателя города Александр Дерибас посвятил одесской пыли целую страницу: «Прежняя одесская пыль была не такою, как ныне; она была благоуханною – как пыль цветов. Море, степи, акации отдавали ей свои осадки и были причиной ея своеобразного аромата. Шла к нам прежняя пыль от солончаковых песков Пересыпи, от большого чумацкого шляха в новороссийских степях, но поднималась она, конечно, и из самой Одессы из-под ног негоциантов, рабочих и франтов, утаптывавших немощеные одесские улицы. Тонкая, мелкая, чистая, легко дававшая отпечаток всему, что к ней касалось, она прекрасно заменяла тот золотой песок, которым посыпались в старину любовные записки. И название этим строкам дал: «Тоска по пыли». Согласитесь, для пыли можно найти много нежных эпитетов, но назвать пыль – чистой и тосковать по ней – это доступно лишь истинно влюбленным в Одессу».

А ведь в Одессе раньше и пыль называли иначе, вместо твердого «ы», звучало мягкое «и». Говорили ласково «пиль». Так много говорили, что знаменитый сатирик Аркадий Аверченко обратил на это свое просвещенное внимание и констатировал, что в Одессе слово «пыль» очень смущает собак. Они принимают его за команду. Ведь когда одессит говорит «пиль», это всего лишь означает, что на улице или в помещении довольно пыльно.

В Одессе не так часто упоминалась пыль веков, зато выражения «пустить пыль в глаза» или «стряхнуть пыль с ушей» – вполне сойдут за одесские.

Не мог не упомянуть об одесской пыли Бабель, писавшей об «улице, пылившей и блестевшей как рожь на ветру». Паустовский тоже здесь писал о «нежащей, остывающей пыли».

Если поискать самую пыльную улицу в городе, могут возникнуть разногласия. Одни утверждают, что это улица Приморская, другие – Балковская, третьи говорят что больше всего пыли на Фонтанах.

Кое-кто отдает пальму первенства Пересыпи, некоторые отстаивают приоритет Молдаванки. Но мы не будем устраивать конкурса.

Что может быть ничтожнее пыли? Только пыль. Что может быть более вечным, чем пыль? Только время. Прославленная пыль. Забавный одесский парадокс или высокая мудрость бытия, для которой нет мелочей. Выбирайте, что вам ближе. Но каждый раз, гуляя по Одессе пыльной, помните, что вдыхаете не простую пыль, а прославленную.

Тамара КОЛЕНКО. Бьются о берег пенные волны…

Документальный рассказ

Памяти мамы Ларисы Михайловны Коленко

Женщина, стоявшая на берегу, смотрела на море. В барашках разбушевавшихся июльских волн плескалась её внучка – весёлая, златокудрая девчушка. Взлетит волна, и малышку не видно. Распрямится линия наката, и девочка машет рукой: мол, всё хорошо, бабуля, не переживай. Тревожно, когда ребёнок купается в неспокойном море, поэтому женщина не отходила от кромки берега, ждала, когда внучка вдоволь напрыгается в пенных и свистящих волнах и, дрожа, с посиневшими губами выбежит на берег греться.

А пока… Пока на берегу одесского пляжа женщина вдруг совершенно неожиданно для себя перенеслась в воспоминания о своём детстве. Она тоже купалась так, пока дрожь не пронзит всё тело, пока из-за синих губ не сможет вымолвить ни одного слова.

Совсем ещё малышкой она научилась отлично плавать. Это было в Одессе в далёкие 1920-е годы. Аркадия, курень на берегу, шаланда «Лора» с её именем на борту, рыбная ловля, ранние утренние заплывы в море, когда ещё не проснулись приехавшие дачники, и вода была прозрачной, как хрусталь. Всё проплывало в воспоминаниях.

Однажды её, совсем маленькую, папа, обучив плаванию, вывез на шаланде в открытое море и сказал: «Сдавай, доча, экзамен!». Она прыгнула с борта своей тёзки и поплыла к берегу. Вечером за семейным ужином папа сказал о результате «экзамена»: «Доча, горжусь тобой!».

Потом все летние каникулы проходили в дачном уголке Аркадии. Подросшая Лора и её старший брат Юра совершали заплывы за буйки, плавали наперегонки с взрослыми, ловили рыбу, продавали её дачникам, катали на шаланде пассажиров. Всё лето подростки жили на свои заработанные деньги, отказываясь от родительских. Наоборот, когда работающие в городе мама и папа приезжали на единственный выходной, сын и дочь загружали родителей рыбой на неделю плюс на гостинцы родственникам и соседям по дому. И тогда свежевыловленную скумбрию и трепыхающихся бычков родные готовили в домах на Перекопской Победы, в переулке Чайковского, на Леккерта. Соседи в 71-м номере на Островидова радовались тому, что им не надо спешить на «Привоз» за рыбой, она сама приезжала к ним из Аркадии утром по понедельникам в подарок от семьи Ветчинкиных.

Когда в 1936 году брату Юре исполнилось шестнадцать, он твёрдо без секунды колебаний решил стать моряком и подал документы на судоводительское отделение в Одесский морской техникум, который находился в величественном здании на улице Свердлова, 8. Брат ещё в пятнадцать лет сходил матросом в свой первый рейс на пароходе «Севастополь». Родители не отговаривали, прекрасно понимая, какое огромное место в жизни их детей играет море.

Нередко весёлой гурьбой после занятий однокурсники Юры приходили в квартиру на Островидова. И начинались разговоры о море, о пароходах, парусниках, о разных странах. Среди новых друзей брата в основном были те, кто уже проплавал по несколько лет, был постарше.

Лора, вернувшись из школы, грела ребятам чай, делала бутерброды, и слушала рассказы о рейсах, о жарких странах и холодных северных морях. Все курсанты видели себя в будущем капитанами дальнего плавания.

И, конечно, ни для мамы и папы, ни для брата и его друзей не стало неожиданностью, что Лариса решила поступать в морской техникум. До начала войны девушки, пройдя жесточайший отбор наравне с юношами, поступали, учились, проходили плавательную практику. Вспомнилось, что семь вступительных экзаменов, которые тогда назывались испытаниями, проходили в течение шести дней подряд. В последний день утром сдавали географию, а после обеда конституцию СССР.

Их было совсем немного – смелых девчат, выбравших профессию штурмана дальнего плавания. Большинство из них приехали из других городов и областей Советского Союза.

Английский язык Ларисе пришлось учить с первой буквы алфавита, так как в школе был немецкий. Она сидела до глубокой ночи и учила, учила. Зато с математикой было очень просто, спасибо любимому школьному учителю Григорию Павловичу Тертилову. Да ещё и однокурсникам Лариса с радостью растолковывала решение задач и примеров.

Май 1941 года. Первый курс успешно окончен, впереди плавательная практика. Старший брат уже год, получив распределение в Мурманское морское пароходство, плавает III помощником капитана. Лариса с нетерпением считает дни до начала практики на легендарном, овеянном славой паруснике «Товарищ». Только почему-то грустный взгляд у папы, а мама часто пытается скрыть навернувшиеся на глаза слёзы. Трудно им, вырастившим сына-моряка, представить свою хрупкую девочку ростом 160 на морском судне. Дочка выросла в квартире с паркетным полом и лепными потолками, училась в музыкальной и балетной школах. Сын понятно, а дочь…

И вот приближается 2 июня 1941 года – день ухода в море на трёхмесячную практику. РУПС (рабочее учебное парусное судно) «Товарищ» было поистине легендарным. Барк был спущен на воду в 1892 году под названием «Лауристон». Это был один из самых крупных парусников в мире, построенных для грузовых перевозок. После многих событий «Товарищ» стал базовым судном, на котором проходили практику будущие моряки советского флота. На нём ходили в свои первые рейсы судоводители торгового и военного флотов, командного состава учебных судов.

Вспомнилось женщине, стоящей на берегу, какая добрая атмосфера царила тогда на паруснике, как чётко и интересно проходили теоретические и

практические занятия, сколько было новых впечатлений. Три первые недели практики пролетели как один миг.

22 июня. «Товарищ» стоит в Новороссийском порту. Рядом торговые и военные суда. Вдруг в порту слышится стрельба. Многие члены команды и практиканты выскакивают на палубу. Ничего не понятно, кто и почему стреляет? Может быть, какие-то военные учения? Внезапно на палубу посыпались осколки снарядов. Несколько из них попадают Ларисе в кисть руки и предплечье. Судовой врач оказывает первую помощь и в сопровождении двух практикантов отвозит девушку в Новороссийскую больницу. Операционный стол… И тьма…

Когда Лариса очнулась от наркоза, она была уже в палате. В просторной, многоместной палате все койки вокруг пустые. Пожилая санитарка заклеивала окна бумажной лентой крест-накрест. Увидев, что девушка очнулась, женщина заплакала: «Война, доченька, война! Немцы на нас напали!».

Несколько дней в больнице казались вечностью. Что будет дальше? Что в Одессе? Юра с семьёй в Мурманске, возможно, что сейчас в рейсе. Мама, папа, сестра, все родные, друзья и подруги, соседи, одноклассники, что с ними? Практика, учёба, как добраться в Одессу? Душа рвётся от массы вопросов, на которые нет ответов.

Когда Лариса вернулась на парусник, уже многих практикантов и членов команды там не было. Часть из них отправились на призывные пункты. Призвали и капитана П.С.Алексеева. Старпом Е.В. Куцепалов старался поскорее отправить в Одессу практикантов на других судах, но отход несколько раз переносился. Когда Лариса с однокурсником Костей Гутырчиком вернулись в Одессу, путь до дома был ещё страшнее. Не знали они, кто из родных ушёл на фронт, кто жив, а кто уже мог погибнуть…

Стоя на берегу, женщина вспоминала Костю, который нёс по городу её чемодан, ведь больная рука была ещё в лубке. Вспоминала, как увидела родных, как замерло сердце, когда ей сказали, что папу призвали в первую неделю войны, а ведь ему уже 48 лет и у него туберкулёз лёгких. С ужасом подумала, как теперь найти маму, которая отправилась в Новороссийск искать Ларису.

Воспоминания о войне, о погибшем отце и гибели многих родных, об эвакуации, о работе в годы войны, о потерянном доме теснили сердце. И ещё такая грусть по несбывшейся мечте стать штурманом… Ведь море было её жизнью, её светом и воздухом.

Внучка выскочила на берег. Дрожа от холода, кутаясь в полотенце, девочка разволновалась, заметив грустный взгляд бабули. Что случилось? Бабушка ответила нежно: «Я думала о море. Всё хорошо, родная!».

Бьются о берег пенные волны,
Свищет, грохочет морская вода.
Воспоминания трепета полны,
Тебя, мореходка, не забыть никогда.

Алена ЯВОРСКАЯ. «О, граждане воры…»

У нашего города к концу девятнадцатого века сложилась репутация если не воровской столицы, то воровской «мамы». «Ростов-папа» — «Одесса-мама»…

Но по легенде одесские воры никогда не покушались на имущество адвокатов, врачей и актеров. И если с первыми двумя профессиями понятно: защищают и лечат, то неистребимая тяга всех одесситов (в том числе и с криминальными наклонностями) к искусству, просто поражает.

Легенда легендой, но к моему изумлению, подтвержденная документально. В одну из холодных зим, перелистывая в Горьковке (она же Публичка) старые газеты, я прочла небольшую заметку «Воровская этика». Январь 1918. В Петрограде уже революция, до Одессы она пока не дошла. Но молодая милиция, как и старая полиция, с бандитами справиться не может. Ранним утром врач шел на работу в лазарет одесской тюрьмы. Шел, естественно, пешком, через тогда дикое и пустынное Куликово поле. Одет был по-зимнему – в теплую бобровую шубу и шапку, нес чемоданчик с инструментами. К нему подошли трое молодых людей и вежливо предложили отдать им шубу, шапку и чемоданчик. Врач взмолился «Оставьте инструменты, я же врач, вам они не пригодятся». Воры проверили его документы, вернули шубу, нахлобучили шапку и так же вежливо предложили проводить до места работы. Отстали они за квартал от тюрьмы, все так же вежливо распрощавшись. Врач в тюремном лазарете рассказал об этом происшествии своему больному, старому вору. Тот заявил с достоинством: «Шо вы хотите! У нас тоже есть своя этика!»

Итак, документально подтверждено: врачей не грабили! А вот с поэтами и актерами все же было сложнее.

Еще задолго до революции ограбили Петра Сторицына, поэта, издателя знаменитых поэтических одесских альманахов. Сторицын был известен тем, что стихи мог писать по любому поводу. И вот после серьезной заметки «Одесских новостей»: «В ночь на 9 августа воры проникли через окно с улицы в квартиру Петра Сторицына, <…> похитив при этом весь гардероб, бумажник с деньгами, серебряные часы, всего на сумму около 1 000 руб.», — газета помещает длинный горестный монолог ограбленного поэта:

О, граждане воры! Верните
Часы мне и паспорт скорей,
Ведь вас в «Новостях» под защиту
Поэзии взял я своей.
На что вам мой паспорт, скажите,
Ответьте хотя бы письмом,

> Затем как друзья приходите
> Пить чай в мой безрадостный дом.

А другой одесский поэт, Вениамин Бабаджан в стихах описывает нелегкую воровскую долю:

> Два вора, встретясь в переулке,
> Пеняли на голодный день:
> «Совсем не ходят на прогулки –
> Боятся, что ли, или лень.
> Опять же – скверная погода
> И все засели по домам.
> Плохое осень – время года,
> Совсем наживы нет ворам».
> Бог все слыхал и жалко стало
> Ему заблудших малых сих.
> Луна на небе просияла
> И ветер в улицах затих.
> И вот на площади пустынной
> При свете трепетной луны
> Забрали воры два с полтиной
> У подполковничьей жены.
> Так Бог печется равномерно
> О счастье стада своего
> И то, что зло для одного
> Для двух других совсем не скверно.

Что примечательно и символично, стихотворение датировано 7 ноября 1917. В этот день в Петрограде произошла революция.

Революция, как известно, смещает нормы этики, даже и воровской. И уже в феврале 1918 одесские артисты горестно взывают к совести представителей уголовного мира:

«К товарищам ворам и налетчикам! В субботу 23 февраля, в зале Гарнизонного собрания мы, безработные артисты при союзе безработной трудовой интеллигенции, устраиваем спектакль-кабаре. Не имея возможности угрожать вам репрессиями, но желая предоставить гражданам безопасное посещение нашего спектакля, взываем к вашей чести и просим принять меры, дабы эта ночь прошла без эксцессов. Группа безработных артистов».

Трудно сказать, возымело ли это действие. Скорее уж могло повлиять похожее обращение от матросов зловещего крейсера «Алмаз». Они тоже проводили благотворительный спектакль в пользу раненых, но как раз репрессиями тем, кто посмеет ограбить актеров и зрителей, и угрожали.

А между тем актеров грабили, невзирая на популярность.

Говорят, одесские воры рыдали над песнями Вертинского. И что же? В октябре 1918 журнал «Фигаро» сообщает: «Во вторник, 29 сего месяца из номера «Большой Московской гостиницы», занимаемой А.Н. Вертинским, была совершена кража гардероба артиста на сумму в 20 тысяч рублей».

Через пару дней разрекламированный ранее концерт состоялся, но в чем же пел бедный Вертинский? Старые одесситы рассказывали, что люди Мишки Япончика строго наказывали залетных бандитов, порочащих честное имя одесских налетчиков, но Вертинскому, похоже, ничего не вернули. Надо отметить, что через год бесстрашный Вертинский вновь появился в Одессе. И сбор от первого концерта достиг 70 тысяч. Так что в итоге он все же оказался в выигрыше.

Уже в те годы стало понятно, что легкой жизни у сатирика быть не может. Все знают, хоть по названию, песенку «Как на Дерибасовской угол Ришельевской». Казалось бы, угол этот выбран для смеха, центр города же, ну что здесь может случиться плохого.

Но вот подлинное происшествие 1919 года: «У юмориста Александра Франка на днях в центре города (Дерибасовская угол Ришельевской) тремя злоумышленниками было снято пальто». Днем или ночью, в заметке не уточнялось.

Вообще у респектабельной Ришельевской сложилась в те годы криминальная репутация. Александр Козачинский позднее написал в «Зеленом фургоне»: «Гимназистка седьмого класса Дуська Верцинская, известная под кличкой “Дуська-Жарь”, совершила за вечер восемнадцать налетов на одной Ришельевской улице и только по четной ее стороне».

Дамы, юность которых пришлась на эти годы, вспоминали позднее: «Идешь в гости или на вечер поэтов, надо взять с собой иплаточек и шляпку. Шляпку на Дерибасовской надевали, а на Старопортофранковской меняли ее на платочек. Это чтоб везде бытьсвоей, чтоб не раздели».

А вот еще одно свидетельство очевидца. Юная Нина Гернет занималась «сокольской гимнастикой». Дорога на занятия была опасной: «Темно. Очень темно. Тихо. Похожие на призрачные тени – порождение ночи, бесшумно бродят угрюмые псы. Спаянными кучками деловито проходят сниматели пальто, изредка дружески перестреливаясь со снимателями туфель и полуботинок. Из полуоткрытых черных ворот кое-где выглядывает пара наполненных почти мистическим страхом глаз, а старая калитка ритмично стучит в такт держащейся за нее дрожащей руке. Это – домовая охрана. <…> Сниматели всех частей одежды объединено бранят трусливых обывателей и выстреливают свои инициалы в стенах самых высоких домов. Псы злорадно ухмыляются, радуясь, что у них нет ботинок, а мы молча выбираем самые неосвещенные улицы».

Впрочем, похоже у «снимателей» тоже была определенная этика. Константин Паустовский в повести «Начало неведомого века» описывал историю, которая случилась в конце 1919 с ним и Яшей Лифшицем.

«Мы шли с “Яшей на колесах” на Черноморскую, выбирая тихие переулки, чтобы поменьше встречаться с патрулями. В одном из переулков из подъезда вышло два молодых человека в одинаковых жокейских кепках. Они остановились на тротуаре и закурили. Мы шли им навстречу, но молодые люди не двигались.

Казалось, они поджидали нас.

– Бандиты, – сказал я тихо Яше, но он только недоверчиво фыркнул и пробормотал:

– Глупости! Бандиты не работают в таких безлюдных переулках. Надо их проверить.

– Как?

– Подойти и заговорить с ними. И все будет ясно.

У Яши была житейская теория всегда идти напролом, в лоб опасности. Он уверял, что благодаря этой теории счастливо избежал многих неприятностей.

– О чем же говорить? – спросил я с недоумением.

– Все равно. Это не имеет значения. Яша быстро подошел к молодым людям и совершенно неожиданно спросил:

– Скажите, пожалуйста, как нам пройти на Черноморскую улицу?

Молодые люди очень вежливо начали объяснять Яше, как пройти на Черноморскую. Путь был сложный, и объясняли они долго, тем более что Яша все время их переспрашивал.

Яша поблагодарил молодых людей, и мы пошли дальше.

– Вот видите, – сказал с торжеством Яша. – Мой метод действует безошибочно.

Я согласился с этим, но в ту же минуту молодые люди окликнули нас. Мы остановились. Они подошли, и один из них сказал:

– Вы, конечно, знаете, что по пути на Черноморскую около Александровского парка со всех прохожих снимают пальто.

– Ну, уж и со всех! – весело ответил Яша.

– Почти со всех, – поправился молодой человек и улыбнулся.

– С вас пальто снимут. Это безусловно. Поэтому лучше снимите его сами здесь. Вам же совершенно все равно, где вас разденут – в Александровском парке иди в Канатном переулке. Как вы думаете?

– Да, пожалуй…– растерянно ответил Яша.

– Так вот, будьте настолько любезны.

Молодой человек вынул из рукава финку. Я еще не видел таких длинных, красивых и, очевидно, острых, как бритва, финок. Клинок финки висел в воздухе на уровне Яшиного живота.

– Если вас это не затруднит, – сказал молодой человек с финкой,

– то выньте из кармана пальто все, что вам нужно, кроме денег. Так! Благодарю вас! Спокойной ночи. Нет, нет, не беспокойтесь, – обернулся он ко мне, – нам хватит и одного пальто. Жадность – мать всех пороков. Идите спокойно, но не оглядывайтесь. С оглядкой, знаете, ничего серьезного не добьешься в жизни.

Мы ушли, даже не очень обескураженные этим случаем. Яша всю дорогу ждал, когда же и с меня снимут пальто, но этого не случилось. И Яша вдруг помрачнел и надулся на меня, будто я мог знать, почему сняли пальто только с него, или был наводчиком и работал "в доле" с бандитами».

Паустовский написал это в конце 1950-х по памяти.

А Надежда Тэффи описала одесский быт в конце 1920-х.: «Горожане все-таки вылезали по вечерам из своих нетопленных квартир. Уходили в клубы, в театры, попугать друг друга страшными слухами. Для возвращения по домам собирались группами и приглашали охрану – человек пять студентов, вооруженных чем бог послал. Кольца засовывали за щеку, часы – в башмак. Помогало мало.

– Он, подлец, слушает, где тикает, – туда и лезет. Я и говорю – это сердце от страха… Да разве они честному человеку поверят!»

И Паустовский, и Тэффи вспоминали. А вот одесский юморист, укрывшийся за псевдонимом «Фернандо», описывал все в 1919 по горячим следам:

Хоть средь людного проспекта,
Невзирая ни на что
Вас порою «в сером некто»
Приглашает снять пальто.
Но грабеж, пальба и стычка
Одесsitu – трын-трава…

Одесские газеты тех лет пестрят объявлениями примерно такого содержания: «Прошу (Умоляю) вора (лицо, укравшее у меня), похитившего у меня бумажник с деньгами и документами, деньги оставить себе, а документы вернуть мне».

Впрочем, воры были разные. Об одном, оставшемся в строчке стихов Багрицкого «Там банк Мозжухину срывает Фартовый парень Лёнька Грек», — упоминала Зинаида Шишова в 1935 – «Толстый и легкий Лёнька Грек».

Валентин Катаев в 1985, в самой загадочной своей повести «Спящий», описывает неудачливого налетчика, дружившего с одесскими поэтами:

«Опустевшая привокзальная площадь каким-то образом превратилась в игорный дом, куда вдруг ворвался налетчик с наганом в руке. Это был Лёнька Грек. В его полудетском лице с короткими черными бровями, в его средиземноморской улыбке было несомненно нечто греческое. В порту его называли "грек Пиндос на паре колес". Короткие кривоватые ноги в задрипанных брюках, кепка блином, неопределенного цвета куртка, застиранная тельняшка.

Его театральное появление в дверях с красными плюшевыми портьерами, обшитыми золотым позументом с кистями, придававшими залу оттенок если не кабаре, то, во всяком случае, публичного дома средней руки, вызвало оцепенение. Ленька Грек почему-то считал, что большинство игроков иностранцы, главным образом французы. Поэтому он заранее приготовил французскую фразу, которой его научил на яхте некто Манфред, образованный молодой человек. Фраза эта должна была представлять нечто вроде русского "соблюдайте спокойствие". Эта фраза, произнесенная Лёнькой Греком якобы по-французски, но с ужасающим черноморским акцентом, ошеломила не только всех присутствующих, но даже и самого налетчика, пораженного собственной наглостью, когда он с усилием выдавил из себя хриплым голосом: "Суаэ транкиль!" Сначала все окаменели. Но потом что-то произошло непредвиденное. Один из игроков рассмеялся, и налет не получился.

Не успел Ленька Грек подойти к зеленому столу и хапнуть кучку золотых десяток царской чеканки, как кто-то неожиданно вырвал у него из рук наган и дал ему крепко по шее. Это было естественно: все поняли, что налетчик одиночка, работает без товарищей и справиться с ним нетрудно.

– Что ж вы деретесь! – плаксиво, с обидой в голосе проныл Ленька Грек и, вырвавшись из чьих-то рук в твердых крахмальных манжетах с золотыми запонками, кинулся вперед, опрокинул стол и, отбиваясь руками и ногами, бросился вон из зала. И как раз вовремя: уже послышались свистки Державной Варты.

Сильно потрепанный, он выскочил на улицу, юркнул в переулок, добрался через несколько проходных дворов до городского сквера, пустынного в этот ночной час, и, как ящерица, скрылся в щели между стеной оперного театра и кафе-кондитерской, известной своими меренгами со взбитыми сливками и пуншем гляссе с настоящим ямайским ромом "Голова негра"».

Но вернемся к актерам и зрителям. В 1919 Борис Флит (он же «Незнакомец») иронически описывает тяжелую жизнь публики в фельетоне «Одесские театралы»

«– Почему, – спросил я одесского интеллигента, – вы не ходите в театр? – Неужели вы забыли завет Белинского: "Идите в театр, умрите в театре"?

– Какого Белинского? – удивился он. – Ах да, в Одессе улица есть. Знаменитый трагик? Ну, знаете ли, теперь надо это изречение изменить: «Идите в театр, умрите после театра».

– Это почему?

– А попробуйте не отдать добровольно вашего пальто? Останетесь в живых? Нет уж? не пойду я лучше в театр... О пьесе я прочту рецензию и всегда смогу сказать, что я был в театре...

Одесская театралка объяснила мне, почему она не ходит теперь в театр:

– Нельзя раздеваться! Холодно! Ну как же я надену платье с большим декольте. Бриллианты мне мой Сенечка тоже не разрешает по вечерам надевать. Он говорит, не для того я трудился и "делал" кофе, перец, изюм, чиры, дрова, чтобы ты возвращалась из театра...

Так он таки прав, если не хочет, чтобы я ездила в театр. На днях мадам Цыпоркес возвращалась из театра, так у нее уши с серьгами вырвали. Ушей, конечно, не жалко, но серьги в 3 квадрата. А квадрат теперь 40 тысяч.

Я очень люблю театр, но подумайте сами...

Театралка упорхнула, мило сделав мне ручкой.

Бедные одесские театры!..»

Прошло три года. И вот уже в апреле 1922 Л.М. Чацкий описывает окончательное падение воровских традиций.

«Бандиты… театралы

Артист госдрамы т. Ардашев возвращаясь несколько недель тому назад после спектакля, был ночью на улице Новосельской остановлен налетчиками, которые предложили артисту снять пальто.

Желая показать, что они имеют дело не с "жирным гусем", т. Ардашев назвал себя.

Произошел любопытный диалог:

– Ардаров?

– Мы вас хорошо знаем.

– Каждую неделю смотрим вас в театре. Но нам сейчас не до театра…

И, отобрав у актера летнее пальто и фрачные брюки, "меценаты" милостиво отпустили т. Ардарова.

Думаем, что артист и не мечтал о столь рьяных поклонниках своего таланта».

О времена, о нравы…

Евгений ГОЛУБОВСКИЙ. Малоарнаутский акцент и Молдаванка

МАЛОАРНАУТСКИЙ АКЦЕНТ

Пришло время напомнить о нашем – малоарнаутском акценте.

Всё больше убеждаюсь, что и в безвременьи могут быть герои. ГЕРОЙ НАШЕГО БЕЗВРЕМЕНЬЯ. Нет, не Печорин, а Крученых. Это он издавал самиздат, облокотившись на цензуру. Это он собирал рукописи поэтов, прозаиков, художников, не пугаясь того, что их арестовали. Это он изобрел заумный язык, а на каком другом прикажете общаться в абсурдном мире.

Я стою на улице Малая Арнаутская, у дома 55. Старый, трехэтажный, жилой…

Малая Арнаутская известна далеко за пределами Одессы. Может, потому, что Ильф когда-то написал, что вся контрабанда в Одессе делается на Малой Арнаутской. Ему лучше знать. Он и сам жил на этой улице.

Когда Ильф только приехал из Одессы в Москву и пришел в газету «Гудок», кто-то из местных шутников спросил его –

-У вас Малороссийский акцент?

- Малоарнаутский – без тени улыбки ответил Илья Арнольдович. Так что улица легендарная. А дом?

Когда-то неутомимый краевед Александр Розенбойм, просматривая отчеты полиции за год первой русской революции, натолкнулся на протокол обыска и задержания за хранение нелегальной литературы студента Одесского художественного училища Алексея Елисеевича Крученых. Год 1905. Адрес – Малая Арнаутская, 55.

Да, это тот самый Крученых. Один из создателей футуризма. Друг Маяковского, Хлебникова, Бурлюка.

Когда-то Велимир Хлебников задумал создать правительство земного шара, в котором должно было быть 317 председателей земшара. Трем в Одессе уже были установлены мемориальные доски – Хлебникову, Бурлюку, Маяковскому.

И вот три года назад, 8 августа 2019 года, в Одессе , где Алексей Крученых прожил шесть лет – с 1902 по 1906, закончив художественное училище, получив диплом художника, открыта первая в мире доска в память об одном из основателей авангарда.

У многих в памяти строка Маяковского –

«комната – глава в крученыховском аде».

Это отсыл Маяковского к замечательной поэме Крученыха и Хлебникова «Игра в аду»

Может некоторые помнят поэму Николая Асеева «Маяковский начинается», где есть строки (цитирую по памяти): «Сейчас о

Крученых главу бы начать, но знаю завоет журнальная рать…»

К счастью те времена канули. Крученых начал издаваться, цитироваться.

Его роль огромна. В предисловии к его книге «Календарь», вышедшей в двадцатых годах, Борис Пастернак, любивший Крученыха. писал – ты среди нас самый упорный, самый последовательный…

Создатель заумного языка Крученых, когда публиковать свои стихи и теоретические работы в СССР стало уже невозможно, стал фантастическим издателем. На ротопринте, стеклографе он издал 24 выпуска «Неизданного Хлебникова», тексты для которого переписывали Пастернак и Олеша, Кирсанов и Крученых., издал три выпуска «Живой Маяковский».

Это было предшествием самиздата. А потом, когда и эта деятельность стала невозможной, собирал архив писателей, художников, авангардистов. Сегодня 100 альбомов с рукописями, рисунками, письмами, собранными Крученых, находятся в архиве литературы и это бесценный источник для работы над творчеством его соратников.

Вот такому удивительному человеку по инициативе Всемирного клуба одесситов мы открывали мемориальную доску.

Ее меценатом и инициатором стал Евгений Деменок, литератор, исследователь русского авангарда, написавший и издавший большую книгу о Давиде Бурлюке.

По нашей просьбе доску сделал известный скульптор Александр Князик. Он автор замечательных мемориальных досок Бабелю и Липкину, Хлебникову и Ильфу.

В этой доске он передал искания художников друзей Крученых –Малевича, Татлина. О чем на открытии говорила доктор искусствоведенья Ольга Тарасенко.

И два художественных акта сопровождали открытие. Художница Ира Озаринская на асфальте написала заумные стихи, замечательно выкрикивая почти непроизносимые согласные. А поэт Влада Ильинская прочла известнейшие стихи Крученых так, что они показались творениями дня сегодняшнего..

Около пятидесяти человек собрались на эту художественную акцию. А я подарил Евгению Деменку (не только же он должен делать подарки городу) «Записные книжки Хлебникова», изданные Алексеем Крученых в 1922 году.

Когда я поместил сообщение об открытии мемориальной доски Алексею Елисеевичу Крученых было много откликов Ждал, вдруг откликнутся его родственники, в Одессе всю жизнь жила племянница Крученыха, Ольга Федоровна Крученых художница, и её ее сын.

Одесситы с малоарнаутским акцентом, объединяйтесь! Мы любим нашу родину.

МОЛДАВАНКА

Ни одному району города так не повезло в литературе – даже Большому Фонтану – как Молдаванке.

Начало – Бабель, «Одесские рассказы». А совсем недавно Анна Костенко «Цурки – гилки»

Почему?

Когда-то я собирал материалы про диаспоры, из которых сложился Одесский космос. И в фейсбуке писал об армянах и греках, поляках и итальянцах, французах и евреях, болгарах и караимах…А вот о молдаванах, кажется не публиковал свои заметки.А если печатал, то очень давно. А сегодня роль Молдовы в жизни Одессы трудно переоценить. Приняла, обогрела, накормила тысячи беженцев…

Я мог бы начать этот очерк со слов Пушкина, как уже не раз делал в предыдущих публикациях, вспомнив, что в одесской главе «Онегина» равным среди равных упомянут «молдаван тяжелый». Я мог бы обратиться к городской топонимике, как надежнейшему источнику исторической памяти, а тут возникла бы не только улица, но и целый район — Молдаванка. Но мне показалось, что суть того, что внесла в Одессу Молдавия, удивительно поэтично сказана в строках старейшего одесского (позднее - московского) поэта Семена Липкина:

«Степь шумит, приближаясь
к ночлегу,
загоняя закат за курган,
И тяжелую тащит телегу
Ломовая латынь молдаван».

Эту ломовую латынь внесли в наш город молдаване — первостроители Одессы, этот язык слышал и в Кишиневе, и в Одессе Александр Пушкин, и сегодня молдавские художники и строители, поэты и композиторы, певцы и виноградари — желанные гости города, куда, как и двести лет назад, ведет Тираспольская улица.

Уже не раз писалось о том, что в Одессе все дышало и дышит воздухом Средиземноморья. Конечно, прежде всего вспоминаются греческие колонии на севере Черного моря. Но вот эта латынь, умершая в самой Италии, чудом сохранилась в Тракии — провинции империи, где теперь Румыния и Молдова, а когда-то были Молдавия и Валахия. Сюда — во все времена ссылали инакомыслящих. Свои последние годы, как считалось, провел здесь Овидий. Не случайно Пушкин, сосланный вначале в Кишинев, а затем в Одессу, так чувствовал эту перекличку судеб, так впитывал «ломовую латынь молдаван».

Я уже упомянул, что из городских топонимов близость Одессы

с Молдавией подчеркивает не только Молдаванка, город в городе, колоритнейший район, не до конца растоптанный советской властью, но и Тираспольская улица. И хочу напомнить, что из Одессы в Кишинев, как в Бельцы, Сороки, Скуляны (где сражались предки В.П. Катаева), была когда-то одна дорога — через Тираспольскую заставу, через черту порто-франко, дорога, по которой проехали почти все писатели, декабристы, люди науки и искусства. Кстати, на Тираспольской улице в XIX веке жил Исаак Бабель, обессмертивший не только Одессу, но и Молдаванку, давший нам прописку на карте мира.

Но прежде о первостроителях. В Большой Советской энциклопедии в числе основателей Одессы значится архитектор молдаванин Портарий.Но почему-то не упомянут он в «Столетии Одессы». Этим вопросом задавались многие. Так был таковой или не был? Вот книга К. Смолянинова «История Одессы. Одесса. 1853 год»: «Для заведывания всеми постройками вообще в городе был определен, с высочайшего соизволения, по представлению графа Зубова молдавский архитектор Мануил Портарий с жалованием в год по 400 рублей. Кишиневский краевед Р. Гордин нашел, что в письмах и документах Суворова десятки раз с любовью упомянут портарий — по-молдавски — один из дворянских чинов. Оказалось, что в письмах Потемкина упоминается портарь молдавский Марк Гаюс. Князь повелевает ему строить суда, заготовлять леса, наводить мосты… Так может быть Портарий и деятельнейший портарь Гаюс — одно и тоже лицо.? Это беглое замечание, проверять Олегу Губарю.

Именно Марку Гаюсу, портарию молдавскому, поручил после себя строить Одессу де Волан. К 1812 году Марк Гаюс, владевший в Одессе в Греческом форштадте двумя участками, был уже генерал-майором и занимался делами Бессарабии. Дело свое он исполнил честно, о чем свидетельствуют не только награды и звания, но и процветание Одессы.

Город строили не только архитекторы, но и рабочие-строители. И вот тут возвращаемся к топониму «Молдаванка». Во-первых, не всегда она так называлась, а была и слободкой, и молдавской деревней. Но главное — строили ее молдаване и волохи, выходцы из Валахии. Вначале строили именно как пригород, а значит, и ремесленную слободу, и деревню. В 1802 году дюку де Ришелье представили опись населения Одессы. И в ней зарегистрированы «молдаване, особою слободкою за городом поселенные: мужского полу — 53, женского — 43 души». (Цитирую по книге Т. Донцовой «Молдаванка»).

Это уже позже, к конце XIX — начале XX века население Молдаванки воспринималось как еврейско-русско-украинское. Но в пушкинские времена молдаване, тянувшиеся к большому городу, находили здесь приют, возможность построить жилище и трудоустроиться.

Думаю, об этих постоянных поставщиках вина и овощей писал А.С. Пушкин — «молдаван тяжелый». Это наблюдения внешние. А были у поэта молдавские собеседники, знакомые, в первую очередь, это — семья детей молдавского правителя — высшей интеллектуальной знати Молдавии, нашедших приют в Одессе, Александра Скарлатовича Стурдзы и его сестры Роксандры Скарлатовны. Кем он был? Философом. Богословом. Мыслителем. Известны юношеские эпиграммы Пушкина на Стурдзу, осуждавшие его монархические убеждения. Но, как видно, молод был поэт, да и встречались они тогда не часто. Настоящее знакомство произошло в Одессе. Наметилось сближение взглядов, о чем Пушкин писал Вяземскому. Именно со Стурдзой Пушкин рассуждал об Евангелии. И, кто знает, какой логикой заставил молдавский господарь принять и понять свои доводы поэта, только освоившего азы атеизма. Но что было, то было. От атеизма поэт уходит в православие. Здесь же, в Одессе, позже А. Стурдза проводил многочасовые беседы с Н.В. Гоголем, наставляя, не побоимся этого слова, великого русского писателя.

Сохранились, опубликованы воспоминания А.С. Стурдзы. Он с восхищением отзывается о глубоком уме Пушкина. Сохранились письма Н. В. Гоголя к А. С. Стурдзе. Но вот почему-то не переиздаются труды самого философа. Хоть богословские труды А.С. Стурдзы служили, как считали профессионалы, блестящей защитой православия.

Очень трудно в кратком очерке описать драму (именно так!) отношений Пушкина и Стурдзы. Ведь из-за эпиграмм на философа поэт и был сослан на юг. Какое же мужество и благородство должно было быть присуще им обоим, чтобы стать выше личных обид, непониманий и прийти к взаимоуважению как мыслитель с мыслителем, поэт с поэтом. Кстати, о том, что А.С. Стурдза писал стихи, я знал из книги О. Губаря «Пушкин. Театр. Одесса».

В жизни нашего города первой половины XIX века огромную роль сыграла сестра А. С. Стурдзы — графиня Р. С. Эдлинг. Это Роксандра Скарлатовна попечительствовала первому городскому убежищу для детей. Вдумайтесь: через 150 лет не затерялась память о стурдзовских приютах — так важны они были для города.

Молдавия и Одесса так географически близки, что пересечений было множество. Сегодня можно напомнить, что в годы Советской власти в Балте была учреждена Молдавская автономная республика. А тут уже ассоциация с поэмой Э. Багрицкого «Дума про Опанаса» («Балта — городок отличный»). А если перенестись в наши недавние времена, то именно в Одессе устраивались выставки Михаила Греку, когда он был «диссидентом» в Молдавии, в Одессе ставились пьесы

Иона Друце...

Иногда тише, иногда громче, звучит в воздухе нашего города «ломовая латынь молдаван», голос антики и голос базаров, которые создали Одессу.

Перечитал вместе с вами свой очерк о молдаванах в Одессе и сам себе улыбнулся. Нет, не молдавской составляющей привлекла Молдаванка и Бабеля, и Ганну Костенко. А еврейско-русско-украинским воздухом, удивительным речевым суржиком, совместным образом жизни. И молдаване, немногие потомки первостроителей красочно дополняли эту картину.

Прочтите роман «Цурки-гилки» Анны Костенко, «Понаехали» Юлии Вербы, и в памяти оживет, как интеллигентнейший Саша Виноградский пел свою песенку:

> Проходные дворы Молдаванки...
> Голубятни на каждом шагу,
> Катакомбы, футбол на полянке
> Не могу я забыть, не могу.
> Фото одного из дворов Молдаванки
> Удалые дворы Молдаванки,
> Ничего, что ударов не счесть:
> Вы учили меня не сдаваться,
> Школы жизни - хвала вам и честь.

АВТОРЫ

ЛИАНА АЛАВЕРДОВА

Лиана Алавердова живет в Нью-Йорке. Ее стихи, статьи, переводы с английского и азербайджанского языков неоднократно публиковались в журналах, газетах и альманахах в России, Германии, США, Украине, Канаде, Азербайджане, включая «Знамя», «Дружба народов», «Знание-сила», «Слово/Word», «Новый журнал», «Литературный Азербайджан», COLLEGIUM, «Шалом» и др. Лиана Алавердова – автор двеннадцати книг стихов и документальной прозы (популярная психология, литературная критика, публицистика, мемуары). Она заведует библиотекой Kings Bay, одним из отделений Бруклинской публичной библиотеки. Лиана является волонтером Американского фонда превенции суицида (AFSP).

ИГОРЬ АЛЬМЕЧИТОВ

Окончил факультет Романо-Германской филологии Воронежского Государственного Университета. Публиковался в русскоязычных журналах и русскоязычной периодике России, США, Германии, Австрии, Беларуси, Украины, Израиля, Новой Зеландии, Бельгии, Узбекистана, Греции, Великобритании. Лонг-лист национальной литературной премии «Дебют» (2005г.). Победитель международного литературного конкурса русскоязычных авторов «Литературная Вена» (Австрия) в номинации «Малая проза» (2013г.). Лауреат Международного литературного конкурса русскоязычных авторов «Лучшая книга года» (Германия) в номинации «Крупная проза» (2021г.). Лауреат Международного литературного конкурса русскоязычных авторов «Лучшая книга года» (Германия) в номинации «Крупная проза» (2022г.). В 2020г. отдельным изданием опубликован роман «Почтарский мост» (издательство «Перископ-Волга», г. Волгоград). В 2021г. отдельными изданиями опубликованы роман «Апологетика пустоты, или тернистый путь героя нашего времени», сборник повестей и рассказов «Весь этот блюз», роман «Апологетика пустоты. В 2022г. отдельным изданием опубликован сборник повестей и рассказов «Без определённого места жительства» (издательство «Перископ-Волга», г. Волгоград).

ВАЛЕРИЯ БАЛОБАНОВА

Валерия Балобанова родилась в 2001 году в Орле. Студентка третьего курса Литературного института имени А.М. Горького, семинар поэзии Олеси Николаевой. Пишет стихи и прозу, фотографирует.

ЮЛИЯ БЕЛОХВОСТОВА

Поэт, филолог, дизайнер. Член Союза писателей Москвы. Член Союза дизайнеров России Окончила МГУ им. Ломоносова, филологический факультет, специализация – древнерусская литература. Публиковалась в журналах «Арион», «Новый берег», «Плавучий мост», «Урал», «Интерпоэзия», «Кольцо А», «Аврора», «Крещатик» и др., альманахе-навигаторе Союза Российских писателей «Паровозъ». Автор четырех поэтических сборников: «Мне не идет весна» (2012г., изд-во «Тровант», г.Троицк), «Ближний круг» (2015г., изд-во «Перо», г.Москва), «Яблоко от яблони» (2018г., изд-во «Алетейя», г.Санкт-Петербург), «Синдром Айседоры» (2020г., изд-во «Стеклограф», г.Москва). Организатор цикла поэтических вечеров «У Красного рояля» в Третьяковской галерее (2009-2012). Дипломант Международного Волошинского конкурса 2015г. Призер конкурса им.Гумилева «Заблудившийся трамвай» 2016г. Победитель V Международного поэтического интернет-конкурса «Эмигрантская лира» 2016/2017 гг. Победитель конкурса «Неоставленная страна» IX Всемирного поэтического фестиваля «Эмигрантская лира-2017». Дипломант VIII Международного конкурса «Русский Гофман» (2023). Куратор и ведущая международного проекта «Литературный диалог по-русски» (2022-2023). Автор и преподаватель поэтических семинаров и мастер-классов («Художественная мастерская поэта» и др.)

ЕФИМ БЕРШИН

Поэт, прозаик, публицист. Родился в Тирасполе в 1951 году. Живёт в Москве. Автор пяти книг стихов, двух романов и документальной повести о войне в Приднестровье «Дикое поле». Произведения Бершина печатались в «Литературной газете», журналах «Новый мир», «Дружба народов», «Континент», «Стрелец», «Юность», антологии русской поэзии «Строфы века» и проч.; многие его стихи переведены на иностранные языки. Ефим Бершин работал в «Литературной газете», вёл поэтическую страницу в газете «Советский цирк», где впервые были опубликованы многие неофициальные поэты.
В 1991-99 работал в редакции «Литературной газеты», был военным корреспондентом во время боевых действий в Приднестровье и Чечне. Автор пяти книг стихов («Снег над Печорой», «Острова», «Осколок», «Миллениум» и «Поводырь дождя»), двух романов («Маски духа», «Ассистент клоуна») и документальной повести о войне в Приднестровье «Дикое поле». Произведения Бершина печатались в «Литературной газете», журналах «Новый мир», «Дружба народов», «Континент», «Стрелец», «Юность», антологии русской поэзии «Строфы века» и проч.; многие его стихи переведены на иностранные языки.

НАДЕЖДА БЕСФАМИЛЬНАЯ

В двух последних триместрах жизни – москвичка. Родилась в Курской области, где прошли детство и школьная юность. Профессия – переводчик. Автор трёх книг стихов, мемуарных записок о реставрации Большого театра, серебряный призёр совместного телевизионного интернет-проекта газеты «Вечерняя Москва» и портала Стихи.ру в 2013г. (выбор экспертов).

ЮЛИЯ ВЕЛИКАНОВА

Родилась в Москве. Окончила ВГИК (экономический факультет), Высшие Литературные Курсы при Литинституте им. Горького (семинар поэзии) и Курсы литературного мастерства (проза). Поэт, редактор, публицист. Шеф-редактор Литературного проекта https://pechorin.net/. Член Московской городской организации Союза писателей России (с 2010 года) и Московского союза литераторов (с 2022 года). Училась в Литературной мастерской «Личный взгляд» Л. Г. Вязмитиновой (1950–2021). Автор сборника стихотворений «Луне растущей нелегко…» (2016). Соавтор сборника стихов «Сердце к сердцу. Букет трилистников» (с А. Спиридоновой и В. Цылёвым) (2018). Организатор литературно-музыкальных вечеров.

ВЛАДИМИР ГАНДЕЛЬСМАН

Родился в 1948 г. в Ленинграде, закончил электротехнический вуз, работал кочегаром, сторожем, гидом, грузчиком и т. д. С 1991 года живет в Нью-Йорке и Санкт-Петербурге. Поэт и переводчик, автор пятнадцати книг стихов

ЕВГЕНИЙ ГОЛУБЕНКО

Родился в 1955 году в Одессе, где и живёт в настоящее время. Окончил филфак университета имени И. Мечникова. Посещал литературную студию Юрия Михайлика. Стихи пишет с семнадцати лет. Вслед за первым рукописным сборником «Тщета» (1975 год) издал шесть поэтических сборников. Периодически стихи публикуются в альманахах Украины, России, Белоруссии и в Интернет сети. Принимал участие в литературных фестивалях.

ЕВГЕНИЙ ГОЛУБОВСКИЙ (5 декабря 1936 – 6 августа 2023)

Журналист, составитель и комментатор многих книг, связанных с историей, культурой Одессы. Родился в Одессе 5 декабря 1936 года. Окончил Одесский политехнический институт, где в 1956 году устроил со своими друзьями вечер-диспут, посвящённый искусству — от импрессионизма до кубизма, что было воспринято властью как акция против официального искусства соцреализма. Только вмешательство И. Эренбурга и Б. Полевого спасло от исключения из института.

В штате газет «Комсомольская искра», затем «Вечерняя Одесса» работал с 1965 года. Вице-президент Всемирного клуба одесситов (президент Михаил Жванецкий). 15 лет редактор газеты клуба «Всемирные Одесские новости», последние пять лет одновременно заместитель редактора историко-краеведческого и литературно-художественного альманаха «Дерибасовская-Ришельевская».

Редактор и составитель многих книг по истории культуры, литературной жизни Одессы. Публикуется в журналах России, Украины, США, Израиля. Член Национального союза журналистов Украины. Председатель Общественного совета Музея современного искусства Одессы. Лауреат журналистских премий.

ОЛЕГ ГУБАРЬ

Олег Иосифович Губарь (16 ноября 1953, Одесса — 19 марта 2021, Одесса) – историк-краевед. Почетный гражданин Одессы, автор более 30 краеведческих и художественных книг и многочисленных публикаций, член бюро историко-краеведческой секции «Одессика» одесского Дома ученых, президиума Одесского отделения Украинского общества охраны памятников истории и культуры, а также историко-топонимической и комиссии по вопросам развития городских парков, созданных при одесской мэрии. Известный одессит является Почетным членом Всемирного клуба одесситов и Почетным членом Европейского интерклуба «Дом Де Рибаса». Входит в редколлегию одесского литературно-художественного, историко-краеведческого альманаха «Дерибасовская-Ришельевская».

ИРИНА ДУБРОВСКАЯ

Поэтесса, член Южнорусского СП и Союза писателей России. Родилась в Одессе, закончила ОГУ, филологический факультет. Первый сборник стихотворений "Под знаком стихии" вышел в свет в 1992 в издательстве "Постскриптум". В 1996 появился второй сборник "Страна души" ("Астропринт", Одесса), а через год был опубликован третий сборник "Круги жизни" ("Оптимум", Одесса, 1997). В 1997 году принята в Союз писателей России. Последующие сборники: "Песни Конца и Начала" ("Оптимум", 2000), "Постигая любовь" ("Оптимум", 2002), "Преображение" ("Принт Мастер", Одесса, 2004), "Право голоса" ("Принт Мастер", 2006) и "День за днем" ("Принт Мастер", 2009).

НАТАЛЬЯ ЕЛИЗАРОВА

Родилась в Омске. Окончила филологический факультет ОмГУ. Кандидат исторических наук, член–корреспондент Петровской Академии наук и искусств. Печаталась в журналах «Москва»,

«День и Ночь» (Красноярск), «Южная Звезда» (Ставрополь), «Огни Кузбасса» (Кемерово), «Омская Муза», «Звёздный век» (Омск), «Пилигрим» (Омск) альманахах «Складчина» (Омск), «Голоса Сибири» (Кемерово), коллективных сборниках «На первом дыхании» (Омск, 2004), «Моё имя» (Омск, 2006), «Люблю на разных языках» (Омск, 2007) и др. Автор книг «Завтрак в постель» (Омск, 2004), «Королевство не для принцесс» (Омск, 2006), «Женщина-лисица» (Омск, 2006), «Ушедшие в ночь» (2011). Лауреат областной литературной премии им. Ф. М. Достоевского (2004). Член Союза российских писателей.

ВИКТОР ЕСИПОВ

Виктор Есипов родился в 1939 году в Москве. В 1961 году окончил Калининградский технический институт, до 2004 года работал в Москве на различных инженерных должностях. С 2006 года – старший научный сотрудник ИМЛИ РАН. Литературовед, историк литературы, поэт, прозаик. Автор пяти книг о Пушкине и поэзии XX века, книги воспоминаний «Об утраченном времени» и трех поэтических книг. Составитель и комментатор книг Василия Аксенова, выходивших после смерти писателя в московских издательствах «Эксмо», «Астрель», «АСТ» в 2012 - 2017 годах, автор книги «Четыре жизни Василия Аксенова» (М.: «Рипол-Классик», 2016)».

БОРИС ЖЕРЕБЧУК

Автор художественных, философских, публицистических, литературоведческих и литературно-критических текстов. Живет в США.

ВЕРА ЗУБАРЕВА

Ph.D., Пенсильванский университет. Автор литературоведческих монографий, книг стихов и прозы. Главный редактор журнала «Гостиная», президент литобъединения ОРЛИТА.

ЕЛЕНА КАРАКИНА (… - 4.25.2023)

Родилась и выросла в Одессе. Закончила филфак ОГУ. С 1982 г. служит в Одесском литературном музее, где проделала головокружительную карьеру, пройдя по всем ступеням музейных должностей от коменданта до ученого секретаря. С 1995 по 2005 еженедельно писала полосу для одной из двух одесских еврейских газет, не считая прочих статей, публиковавшихся в газетах и журналах Одессы, Москвы, Киева, Берлина. Автор книг «Дом с ангелом», Од., 2001, об Одесском детском медико-реабилитационном центре, путеводителя «Прогулки по Одессе», Киев, 2003, соавтор альбома «Рассказы о музее», Од., 2000. Верит в добрых фей, поэтому до сих пор считает Одессу лучшим городом Земли, а Литературный музей — лучшим местом Одессы.

ВЛАДИСЛАВ КИТИК

Образование высшее: окончил Одесское высшее мореходное училище и заочное отделение филфака Одесского государственного университета им. И. Мечникова. Был моряком, мастером, слесарем, кочегаром, преподавателем. Последние годы – на журналистской работе. Стихи публиковались в местной прессе, коллективном сборнике «Горизонт», журналах «Радуга», «Работница», «Смена». В 1990 году стал одним из трех авторов сборника «Встреча». В 1992 году вышел самостоятельный сборник стихов «Сиреневое ЛЯ», затем «Небесные виноградины» (1994 год), «Иное счастье» (1997 год), «Гречишное поле» (2000 год).

ТАМАРА КОЛЕНКО

Родилась в Одессе в 1954 году. Окончила Харьковскую государственную академию культуры. Генеалог, краевед, член Всеукраинского союза писателей-маринистов. Автор книг: «Мозаика моего детства» (2011), «Ветчинкины. Взгляд сквозь столетия» (в соавторстве с Л.С.Кусакиной, 2011, II место в Международном конкурсе «Моя родословная» в 2013), За книги «Одесские картинки по алфавиту», «История Одесской артиллерийской спецшколы №16» стала стала обладателем диплома литературного конкурса им. К.Г. Паустовского. И в 2020 году стала лауреатом этого конкурса за книгу «История Одесского мореходного училища им. А.И. Маринеско».

МАРИНА КУДИМОВА

Родилась в Тамбове.Начала печататься в 1969 году в тамбовской газете «Комсомольское знамя». В 1973 году окончила Тамбовский педагогический институт (ТГУ им. Г.Р. Державина). Открыл Кудимову как талантливую поэтессу Евгений Евтушенко. Книги Кудимовой: «Перечень причин» вышла в 1982 году, за ней последовали «Чуть что» (1987), «Область» (1989), «Арысь-поле» (1990). В 90-е годы прошлого века Марина Кудимова публиковала стихи практически во всех выходящих журналах и альманахах. Переводила поэтов Грузии и народов России. Произведения Марины Кудимовой переведены на английский, грузинский, датский языки. С 2001 на протяжении многих лет Марина Кудимова была председателем жюри проекта «Илья-премия». Премия названа в память девятнадцатилетнего поэта и философа Ильи Тюрина. В рамках этого проекта Кудимова «открыла» российским читателям таких поэтов, как Анна Павловская из Минска, Екатерина Цыпаева из Алатыря (Чувашия), Павел

Чечёткин из Перми, Вячеслав Тюрин из бамовского поселка в Иркутской области, Иван Клиновой из Красноярска и др. Собрала больше миллиона подписей в защиту величайшего из русских святых — преподобного Сергия Радонежского, и город с 600-летней историей снова стал Сергиевым Посадом. Лауреат премии им. Маяковского (1982), премии журнала «Новый мир» (2000). За интеллектуальную эссеистику, посвящённую острым литературно-эстетическим и социальным проблемам, Марина Кудимова по итогам 2010 удостоена премии имени Антона Дельвига. В 2011 году, после более чем двадцатилетнего перерыва, Марина Кудимова выпустила книгу стихотворений «Черёд» и книгу малых поэм «Целый Божий день». Стихи Кудимовой включены практически во все российские и зарубежные антологии русской поэзии ХХ века

ЕЛЕНА ЛИТИНСКАЯ

Родилась и выросла в Москве. Окончила славянское отделение филологического факультета МГУ имени Ломоносова. Занималась поэтическим переводом с чешского. В 1979-м эмигрировала в США. В Нью-Йорке получила степень магистра по информатике и библиотечному делу. Проработала 30 лет в Бруклинской публичной библиотеке. Вернулась к поэзии в конце 80-х. Издала 10 книг стихов и прозы: «Монолог последнего снега» (1992), «В поисках себя» (2002), «На канале» (2008), «Сквозь временную отдаленность» (2011), «От Спиридоновки до Шипсхед-Бея» (2013), «Игры с музами» (2015), «Женщина в свободном пространстве» (2016), «Записки библиотекаря» (2016), «Экстрасенсорика любви» (2017), «Семь дней в Харбине и другие истории» (2018). Стихи, рассказы, повести, очерки, переводы и критические статьи Елены можно найти в «Журнальном зале», периодических изданиях, сборниках и альманахах США и Европы. Елена – лауреат и призёр нескольких международных литературных конкурсов. Живет в Нью-Йорке. Она заместитель главного редактора литературного журнала «Гостиная» gostinaya.net и вице-президент Объединения русских литераторов Америки ОРЛИТА.

СОФИЯ МАКСИМЫЧЕВА

Родилась и живёт в Ярославле. Публикации в журналах: «День и ночь», «Нижний Новгород», «Эмигрантская лира», «Дальний Восток», «Приокские зори», «Новый Свет», «Менестрель», «Дон», «Крещатик», «Южное сияние» и др. Дипломант литературного конкурса им. М.М. Пришвина «Хранители Природы». Шорт-лист Всероссийского литературного конкурса к 200-летию И. С. Тургенева «Родине поклонитесь». Финалист международного поэтического конкурса «Эмигрантская лира 2018 года» (2 место). Финалист шестого Международного литературного фестиваля «Славянская лира-2019». Дипломант IV международной литературной премии «Перископ-2020» издательского дома «Перископ-Волга». Финалист Международного фестиваля «Мгинские мосты» 2021г. Автор пяти поэтических книг. Член Союза писателей России.

ЮЛИЯ МЕЛЬНИК

Поэт, прозаик. Член Одесской областной организации Конгресса литераторов Украины (Южнорусский Союз Писателей). Закончила Южно-Украинский педагогический университет и работает преподавателем английского языка. Стихи пишет с детства. Также любит путешествия и все интересное, что происходит в дороге. Самое интересное превращается в стихи. Иногда в прозу. Очень любит море, особенно необжитое, без следов цивилизации. Публиковалась в Одесской антологии поэзии «Кайнозойские Сумерки» (2008), коллективном поэтическом сборнике «Где небо сливается с морем…», альманахах «Меценат и Мир. Одесские страницы» (Москва), «Дерибасовская – Ришельевская», «ОМК», «Звукоряд», «Провинция», альманахе Международного фестиваля «Болдинская осень в Одессе» (2008, Лондон), журнале «Октябрь» (2005), интернет-журнале «Пролог» и др. Автор сборников стихотворений «Звонкие акварели» (2000) и «Ангел с саксофоном» (2004).

ЮРИЙ МИХАЙЛИК

Русский поэт, прозаик Родился в 1939 г., жил в Одессе. Был моряком и геологом. Закончил филологический факультет Одесского университета, работал в местных газетах. Стихи публиковались в журналах «Новый мир», «Юность», «Звезда», «Радуга» (Киев) и в других изданиях. Автор 12 книг стихов и 5 книг прозы. В 1980-е гг. вел литературную студию «Круг», в которую входили неофициальные одесские поэты и прозаики Бальмина, Рита Дмитриевна; Верникова, Белла Львовна; Гланц, Анатолий Франкович; Ильницкая, Ольга Сергеевна; Лукаш, Павел; Мартынова (Херсонская), Татьяна Викторовна; Межурицкий, Петр; Четвертков, Сергей; Ярмолинец, Вадим и др. Составитель антологии неофициальной одесской поэзии «Вольный город» (Одесса, 1991). С 1993 г. живет в Австралии, в Сиднее.

ОЛЕСЯ НИКОЛАЕВА

Родилась в Москве, окончила Литературный институт им. Горького, где сейчас ведет семинар поэзии. Профессор, автор 12 книг стихов, 4 книг эссеистики и 24 книг прозы. Лауреат многих премий – российских и зарубежных, в том числе – Национальной премии «Поэт».

ТАТЬЯНА ОКОМЕНЮК

Филолог, публицист, прозаик. Автор 30 книг художественной прозы, вышедших в Германии, США и России. Победитель множества международных литературных конкурсов. Обладатель звания «Золотое перо Руси». Публикуется в журналах, сборниках и литературных альманахах Германии, Франции, Бельгии, Греции, США, России, Израиля Чехии, Австрии, Латвии, Украины, Беларуси. Член Союза журналистов Германии. Живёт и работает во Франкфурте-на-Майне (Германия).

ГАЛИНА ПИЧУРА

Родилась и выросла в Ленинграде. С 1991 года живёт в США. По образованию библиограф и программист. Автор рассказов, повестей, стихов и песенных текстов. Призёр и финалист международных литературных конкурсов и победитель одного из них («Самарские судьбы» -2012, «Первая любовь»). Произведения Галины Пичуры на конкурсной основе вошли в состав многих сборников поэзии и прозы как в России, так и за ее пределами. Многочисленные публикации в литературной периодике США и Европы: «Юность»-Россия, «Слово/Word» - США, «День и ночь» -Россия, «Гостиная»-США, «Кругозор» Россия-США, «Метаморфозы»-Беларусь, «Южная звезда»-Россия, «Еврейский мир»-США, «Флорида и мы»-США, «Мишпоха»-Беларусь, «Мосты»-Германия, «Начало»-Израиль, «Под небом единым»-Финляндия, и другие. В 2006 году вышел в свет сольный поэтический сборник «Пространство боли» (Санкт-Петербург, издат-во «Сударыня»), а в 2022 году – сборник рассказов и повестей «Наваждение» (Бостон-Чикаго, M•Graphics/Bagriy & Company). Галина Пичура – постоянный автор литературно-публицистического журнала "Контур" (США) и член ОРЛИТА.

ЕЛЕНА СЕВРЮГИНА

Родилась в Туле в 1977 г. Живёт и работает в Москве. Кандидат филологических наук, доцент. Автор публикаций в областной и российской периодике, в том числе в журналах «Homo Legens», «Дети Ра», «Москва», «Молодая гвардия», «Южное Сияние», «Тропы», «Идель», «Графит», электронном журнале «Formasloff», на интернет-порталах «Сетевая Словесность» и «Textura», в интернет-альманахах «45-я параллель», «Твоя глава», газете «Поэтоград». Автор четырёх книг стихов: «Ожидание чуда» (1995), «Избранное» (2005), «Сказки для взрослых» (2014) и «По страницам моих фантазий» (2017). Выпускающий редактор интернет-альманаха «45-я параллель». Лауреат литературной премии «Эврика» (2006 год). Финалист премии «Поэт Года» (2020).

ГАЛИНА СЕМЫКИНА
Семыкина Галина Георгиевна, живет и работает в Одессе. Ведущий научный сотрудник Одесского литературного музея, принимала участие в создании экспозиции музея. Автор книг и статей, посвященных литературной Одессе I-й пол. XIX в.

ФЕЛИКС ЧЕЧИК
Родился в 1961 году в городе Пинске (Беларусь). Окончил Литературный институт им. А.М. Горького, стажировался в институте славистики Кёльнского университета (проф. В. Казак). Автор шести поэтических книг и многочисленных журнальных публикаций. Лауреат «Русской премии» за 2011 год. С 1997 года живет в Израиле.

АЛЕНА ЯВОРСКАЯ
Яворская Алена (Елена), родилась и живет в Одессе. Заведующая отделом научно-экспозиционной работы Одесского литературного музея, автор книг «Забытые и знаменитые»(2006), «Осколки»(2008) , «42 истории о... Или это было, было в Одессе» (2010) и статей по истории русской и украинской литературы 1920-х годов.